让思政教育
更有风景

RANG SIZHENG JIAOYU GENG YOU FENGJING

朱金秀 ◎编著

中国华侨出版社

·北京·

图书在版编目（CIP）数据

让思政教育更有风景 / 朱金秀编著. -- 北京：中国华侨出版社, 2025. 1. -- ISBN 978-7-5113-9344-9

Ⅰ.G631

中国国家版本馆CIP数据核字第2024PG6223号

让思政教育更有风景

编　　著：	朱金秀
责任编辑：	罗路晗
特邀编辑：	张立云
装帧设计：	云上雅集
经　　销：	新华书店
开　　本：	710毫米×1000毫米　1/16开　印张：17.5　字数：265千字
印　　刷：	长沙市精宏印务有限公司
版　　次：	2025年1月第1版
印　　次：	2025年1月第1次印刷
书　　号：	ISBN 978-7-5113-9344-9
定　　价：	89.00元

中国华侨出版社　北京市朝阳区西坝河东里77号楼底商5号　邮编：100028

发行部：（010）64443051　传　真：（010）64439708

如发现印装质量问题，影响阅读，请与印刷厂联系调换。

序

◎ 左梦飞

习近平总书记指出，青少年阶段是人生的"拔节孕穗期"，最需要精心引导和栽培。我们办中国特色社会主义教育，就是要理直气壮开好思政课，用习近平新时代中国特色社会主义思想铸魂育人，引导学生增强中国特色社会主义道路自信、理论自信、制度自信、文化自信，厚植爱国主义情怀，把爱国情、强国志、报国行自觉融入坚持和发展中国特色社会主义事业、建设社会主义现代化强国、实现中华民族伟大复兴的奋斗之中。

加强和改进思想政治工作，事关党的前途命运，事关国家长治久安，事关民族凝聚力和向心力。党和国家历来高度重视学校思想政治教育，围绕"培养什么人、怎样培养人、为谁培养人"这个根本问题，努力提升学校思想政治教育质量与效果。思想政治教育要用好课堂教学这个主渠道，思想政治理论课要坚持在改进中加强，提升思想政治教育亲和力和针对性，满足学生成长发展需求和期待。其他各门课都要守好一段渠、种好责任田，使各类课程与思想政治理论课同向同行，形成协同效应。要努力推动"大思政课"建设，以"大思政课"拓展全面育人新格局，把思政小课堂和社会大课堂结合起来，推动学生更好地了解国情民情，坚定理想信念。

中小学思想政治教育，要坚持用习近平新时代中国特色社会主义思想武装学生，增进对习近平新时代中国特色社会主义思想的政治认同、思想认同、理论认同、情感认同；要加强理想信念教育，广泛开展中国特色社会主义和中国梦宣传教育，弘扬民族精神和时代精神，加强爱国主义、集体主义、社会主义教育；要培育和践行社会主义核心价值观，推动社会主义核心价值观融入学生生活；要加强党史、中华人民共和国国史、改革开放史、社会主义发展史和形势政策教育，引导学生爱党爱国爱人民；要加强社会主义法治教育，引导学生树立法治意识。

习近平总书记多次对学校思政课建设作出重要指示，强调不断开创新时代思政教育新局面，努力培养更多让党放心、爱国奉献、担当民族复兴重任的时代新人。他两次亲临湖南考察。在郴州市汝城县文明瑶族乡第一片小学，他走进思政课堂，在那里和孩子一起重温"半条被子"的故事，勉励大家"用好红色资源，讲好红色故事"；他走进湖南第一师范学院（城南书院校区），勉励学校既要提高学生的文化素质，又要引导学生立志报国。习近平总书记在湖南考察时的指示，为我们思想政治教育指明了方向。

近年来，湖南省长沙市东郡小学坚持党的教育方针，全面贯彻落实立德树人根本任务，遵循"成全"教育理念，坚持德育统领学校工作，努力构建大思政教育格局，全面提升综合育人质量。学校围绕小学思政教育活动，坚持全员、全方位、全过程的"三全育人"，在思政课程活动、课程思政活动、主题德育活动和思政实践活动方面进行了有益探索，提升了思政教育效果，形成了思政教育系列活动案例，凸显了学校思政教育的特色与品牌。

东郡小学坚守道德与法治课程主阵地，上好道德与法治课，全面提升学生课程素养，为培养有理想、有本领、有担当的时代新人打下牢固的思想根基。在课程实施过程中，坚持立德树人的根本要求，遵循育人规律和学生成长规律，及时将党和国家重大实践和理论创新成果引入课堂，密切联系社会生活和学生生活实际，将学校德育活动融入课堂，以学生喜闻乐见的方式，启发学生主动学习、深刻领悟和真实体验，增强道德与法治课的思想性、理论性和亲和力、针对性，让道德与法治课成为有现实关怀和人文温度的课堂。

东郡小学坚持"五育"并举，促进各类课程与思政课同向同行，形成课程育人的特色效果。在学科教学中，强化各学科的德育功能，将课程思政教育有机融入各类课程教学，深入挖掘非思政学科蕴含的思政资源，科学确定各学科的育人目标，创新思政教育融入的方式方法，让学生得到丰富的情感体验和道德实践，全面提升学生的思想政治素养，深入实施跨学科综合育人。

东郡小学遵循《中小学德育工作指南》，围绕理想信念、社会主义核心价值观、中华优秀传统文化、生态文明和心理健康等教育内容，坚持立德树人根本任务，树立德智体美劳全面发展的科学质量观，更新教育理念，转变育人方式，加强课程育人，深化课堂改革，通过课程育人、文化育人、活动育人、实践育人等途径，全面促进学生核心素养提升和全面发展。

东郡小学坚持社会大课堂与大思政课紧密相连，加强课内课外联结，实现隐性课程与显性课程相配合，结合地方自然地理特点、民族特色、传统文化以及重大历史事件、历史名人等，因地制宜开展富有教育意义的实践活动，引导学生走出课堂、走出校园，积极参与社会实践活动，学会把知识运用于社会、服务于人民，强化社会责任感，提高实践创新能力，促进知行合一，着力培养堪当民族复兴大任的时代新人。

从思政课到学科思政教育，从课程育人到主题德育活动，从课内思政教育到社会思政大课堂，东郡小学始终围绕培养学生正确的政治思想品德这一根本目标，丰富教育内容，创新教育形式，突出教育效果，构建教育范式，形成教育特色，努力打造有风景的思政教育！

（左梦飞系湖南省中小学教师发展中心党总支副书记、副主任）

目录

绪论："三全育人"理念下东郡小学大思政课建设路径探索 …………… 001

第一篇　思政课程活动

思政课融入社会大课堂
　　——"三走进"校本思政课程活动设计 ………… 008
在学校少年宫里上思政课
　　——学校少年宫课程活动设计 ………… 016
在主题班队课中坚定信仰
　　——"坚定信仰跟党走　传承精神报家国"班队活动 ………… 024
铸牢中华民族共同体意识
　　——"中华民族一家亲"主题活动设计 ………… 031
我的校园我做主
　　——小学少代会思政教学活动 ………… 037
让宽容之花绽放
　　——"学会宽容"班队主题活动设计 ………… 043
做弘扬优良家风的小主人
　　——"承家风，传家训"跨学科思政活动设计 ………… 048

让法治意识根植于心
　　——"正确认识广告"活动设计 ·················· 052
我会唱《春天的故事》
　　——"百年追梦复兴中华"活动设计 ·················· 056
以中国精神铸就精神之基
　　——"精神的力量"主题教育活动 ·················· 062

第二篇　课程思政活动

多元融合增强思政教育效果
　　——城乡民乐会思政活动设计 ·················· 068
做责任担当的追"锋"少年
　　——语文融合思政教育活动设计 ·················· 075
播种优秀传统文化种子
　　——主题阅读融合思政教育活动设计 ·················· 081
感受古代神话的魅力
　　——主题阅读融合思政教育活动设计 ·················· 086
在创编韵律操中致敬英雄
　　——"英雄"主题韵律操创编教学活动设计 ·················· 092
做坚毅果敢的时代少年
　　——小学英文绘本阅读大思政教育活动设计 ·················· 096
学会像科学家一样思考
　　——"西红柿成长变形记"科学融合思政课堂教学活动设计 ······ 101
水墨画中的"家国情怀"
　　——水墨文创与思政融合教育活动设计 ·················· 106
苗族银饰让我无比自豪
　　——"银饰之美与思政教育"融合教学活动设计 ·················· 111
体育节上的民族团结旋律
　　——学校体育文化节暨民族文化思政融合展示 ·················· 115

在绘制连环画中感受名著韵味
　　——语文绘画跨学科融合课程设计 ………………………… 119
绘本教学中培育改革意识
　　——低年级绘本阅读中的思政教育活动 ………………… 123
长沙乡土走进了体育课
　　——"走、跑、跳"体育与思政教学活动设计 ………… 129

第三篇　主题德育活动

两校学子同唱民族团结歌
　　——"铸牢中华民族共同体意识"主题教育暨"六一"庆祝活动 … 134
传统节气中的革命精神教育
　　——清明跨学科主题思政实践活动 ……………………… 141
在红领巾宣讲中厚植红色基因
　　——"学习新思想　做好接班人"少先队主题宣讲活动设计 …… 148
在神勇"小警察"体验中成长
　　——警察职业课程体验活动设计 ………………………… 153
良好协作发生在郡园剧场
　　——"阅读·郡园剧场"主题思政实践活动 …………… 157
让升旗仪式成为最美瞬间
　　——仪式教育活动设计 …………………………………… 163
把劳动教育融入"六一"庆祝活动
　　——劳动主题教育活动 …………………………………… 169
古诗文韵律操中的艺术美
　　——跨学科背景下的学科思政教学活动 ………………… 174
在义卖活动中将爱植入心灵
　　——"雷小锋爱心大市场"义卖主题思政活动 ………… 182
在科技节上萌生航天梦想
　　——"科技节"思政课程活动设计 ……………………… 188

唱红歌传承红色基因
　　——"传承红色基因，筑梦青春未来"主题音乐思政活动 ……… 195

第四篇　思政实践活动

做传承优秀文化的使者
　　——"明月几时有"跨学科教学活动设计 ……………………… 202
九九节气中的传统文化
　　——"九九消寒韵，珍重待春风"跨学科教学活动设计 ……… 208
在活动体验中点燃科技梦想
　　——学校科技节暨综合实践作业展示活动 …………………… 213
做热爱劳动的雷小锋
　　——东郡小学3月劳动节暨综合实践作业展示活动 ………… 221
手写心志传承优秀文化
　　——书法励志格言课程活动 …………………………………… 228
让"争让"精神代代相传
　　——参观许光达故居思政活动设计 …………………………… 234
"半条被子"故事中的鱼水情深
　　——走进"半条被子的温暖"专题陈列馆思政实践活动设计 …… 238
画出我心中最美的老师
　　——"美在流淌，爱满校园"跨学科思政教学活动设计 ……… 244
在志愿服务中挺膺担当
　　——雷小锋"进养老院、进社区"志愿服务活动设计 ………… 251
从"断肠明志"故事里领会忠诚
　　——参观陈树湘故居爱国思政活动方案 ……………………… 255
让我们来续写"禾下乘凉梦"
　　——"遇'稻'一粒米"科学思政融合实践活动 ………………… 259

后　　记 ……………………………………………………………… 265

绪 论

"三全育人"理念下
东郡小学大思政课建设路径探索

习近平总书记指出:"思政课是落实立德树人根本任务的关键课程,思政课作用不可替代,思政课教师队伍责任重大。""要坚持显性教育和隐性教育相统一,挖掘其他课程和教学方式中蕴含的思想政治教育资源,实现全员全程全方位育人。"新时代,必须坚持立德树人根本任务,构建"大思政课"育人新格局,努力教给学生正确的思想,引导他们走正路。湖南省长沙市东郡小学准确把握"大思政课"的深刻内涵,深入探索"大思政课"的方法路径,不断推动思想政治理论课改革创新,努力构建特色思政课程、全学科融合、主题德育活动和社会实践等多元化、立体型大思政教育体系,坚持用习近平新时代中国特色社会主义思想铸魂育人,引导学生增强中国特色社会主义道路自信、理论自信、制度自信、文化自信,厚植爱国主义情怀,不断增强"大思政课"的思想性、理论性和亲和力、针对性。

一、把握"大思政课"的实施背景

"大思政课"的提出是具有时代意义的。习近平总书记指出:"'大思政课'我们要善用之,一定要跟现实结合起来。"他两次亲临湖南考察,分别去到郴州市汝城县文明瑶族乡第一片小学和湖南第一师范学院（城南书院校区），勉励大家"用好红色资源，讲好红色故事"。

2022年7月，教育部等十部门印发的《全面推进"大思政课"建设的工作方案》提道："建设'大课堂'、搭建'大平台'、建好'大师资'""推动思政小课堂与社会大课堂相结合，推动各类课程与思政课同向同行，教育引导学生坚定'四个自信'，成为堪当民族复兴重任的时代新人。"

东郡小学在构建"大思政课"体系的探索中，有着得天独厚的优势。2020年11月，东郡小学被湖南省教育厅遴选为唯一一所牵手郴州市汝城县文明瑶族乡第一片小学的学校，对其开展结对帮扶工作。两校坚持每周"云"享阅读时光，每月推进课堂教学研讨，每年开展红色研学互访及主题教育活动，真正实现了两地两校教学共研、特色共享、文化共融。近四年来，学校先后派出六位支教老师前往第一片小学，为助推汝城教育、振兴乡村发展贡献力量。东郡小学与第一片小学携手，共同开展红色思政课程建设，引导学生深入了解红色历史，促进两校学生的健康成长。

二、挖掘"大思政课"的深刻内涵

思政课，即思想政治教育课程，旨在引导学生形成正确的思想观、价值观、人生观。对于新时代所倡导的"大思政课"内涵的理解，关键在于深刻领会"大"的精髓，即思政课视野要大、目标要大、格局要大、阵地要大、作为要大。视野要大，是指在开展"大思政"教育时，要跳出专业的框架，洞察社会的脉搏，把握时代的方向；目标要大，意味着紧扣中华民族伟大复兴的时代主题，把培养担当民族复兴大任的时代新人作为思政课的育人目标；格局要大，是因为"大思政"是一项十分复杂的系统工程，需要多主体密切合作，多方面协同发力；阵地要大，则是指要着力构建思政课堂和社会实践、网络空间"一体两翼"的新时代思政教育大阵地；作为要大，则指与党的教育方针高度一致——为党育人、为国育才。

"大思政"理念的核心内涵体现在"全员、全方位、全过程"的"三全育人"理念之上。具体而言，"全员"突出强调了教育主体的普遍性，即党和国家、社会各阶层以及学校的各级教师均应肩负起育人的重任，而所有学生均为"大思政"的受教对象；"全方位"则侧重于教育空间的广泛性，无论是校内还是校外，均应被视为育人工作的关键场所；"全过程"则强调了教育实践的连贯性，即育人工作不应仅仅局限于思政课堂，而应贯穿于学生成长的整个过程。这三者虽各有侧重，但相互关联、相互促进，共同作用于思想政治教育的整体育人工作。

三、探索"大思政课"的实施路径

为了贯彻落实习近平总书记的重要讲话精神，落实新时代大思政教育立德树人根本任务，实现"三全育人"的目标，东郡小学统筹推进学校大思政教育，借助"特色思政课程、全学科思政课程、主题德育活动、思政实践活动"四条不同路径，全面实现大思政教育活动在实体、空间、时间上的有机联合，多措并举，充分挖掘小学大思政课程资源，打造课程育人、文化育人、活动育人、实践育人、管理育人、协同育人的新范式。

（一）双线并进，梳理东郡"大思政"课程脉络

首先，在推进思政课一体化的进程中，小学道德与法治课程作为育人主渠道，其课堂教学的有效实施是"大思政课"得以顺利开展的重要基石。东郡小学高度重视思政课程的研发与实施，成立了专业的思政教学团队，并积极开展各类教研活动，以探寻每节思政课堂的一体化教学融合点。例如，在2023年的教学研讨中，思政组针对"中华民族一家亲"这一课题进行了深入研讨，并成功设计出一堂高质量的研讨课，荣获芙蓉区现场赛课一等奖。在此过程中，团队成员从不同维度和层面深入挖掘了民族团结的深刻内涵，旨在引导学生形成正确的民族观与国家观。同时，学校还开展了《习近平新时代中国特色社会主义思想学生读本》课程研讨，深入践行习近平总书记关于"人无精神则不立，国无精神则不强"的重要理念。通过强化道德与法治课程的教育功能，为学生个人发展及未来成就奠定坚实的基础。

其次，以少先队常态化活动作为重要补充，形成育人工作的有机整体。少先队大队、中队、小队作为一个紧密相连的体系，由大队部统一协调和指

导。各中队、小队根据自身特点，有针对性地开展育人活动，彼此之间互为补充，共同促进教育目标的实现。学校坚持每周一主题、每周一中队开展仪式教育活动，通过演讲、朗诵、舞蹈等多种形式在国旗下进行"大思政"宣讲。同时，充分结合传统节日、特殊节日和特殊活动日，开展丰富多彩的少先队活动。在此基础上，各中队和小队再根据班级特色，开展各具特色的班级活动，如"红领巾讲解员"活动、"红领巾读书节"活动、"红领巾志愿者"服务活动、"红领巾争章"活动等。此外，还有以班级为单位参与的各类体育、文艺比赛，以及环保、科技创新等活动。这些活动旨在通过实践体验，激发孩子们的潜能，培养他们的团队精神和创新能力，使他们成为新时代的有为青年。

（二）多方协同，构建东郡"大思政"课程体系

为切实贯彻新时代大思政教育的核心要求，确保育人理念贯穿于学生成长发展的每一个环节，促进"三全育人"策略的深入实施，东郡小学积极采用融合课程的方式，以实现全方位育人目标。学校在各类课程中深入挖掘潜在的思想政治教育资源，致力于开发融合课程，深度挖掘语文、数学、英语、音乐、体育、科学等课程中所蕴含的思政价值，通过全学科课堂的潜移默化教育，实现对学生价值观的引领，切实履行立德树人的根本职责。例如，在音乐思政课中，学校以红色教育为主题，让学生在激昂的红歌声中深刻感受时代的变迁与奋斗的力量。此外，学校还推出了以传统文化为主题的"冬至趣九"跨学科课程，该课程融合了语文、书法、美术与大思政教育，使学生通过了解冬至、寒食等传统节日，书写感悟，深入体验传统文化的独特魅力。

学校还结合善美家风、思政教育与书法、阅读，打造了东郡小学家风家训校本课程，引导学生传承优良家风，锤炼品格，提升自我修养。此外，"西红柿成长变形记""清明雨上""明月几时有""上下求索"等主题式跨学科思政课程，让学生在学习的同时，感受文化熏陶，习得礼仪规范，锤炼品格，树立正确的人生观。这些跨学科的思政课程，不仅展现了其独特的魅力，也充分彰显了全学科思政课程的巨大价值。

（三）主题串联，推进东郡"大思政"一体化建设

主题式德育活动，作为一种具有创新性和针对性的教育形式，相较于传统德育活动，其独特之处在于围绕某一专题展开系列活动，有效克服了传统灌输式思想政治教育课的局限性。东郡小学秉持与时俱进的教育理念，将思政工作与主题德育活动紧密结合，共同构建了培育新时代青少年的坚实基础。在此基础上，学校精心设计了一系列丰富多彩的主题式德育活动。例如，学校开发的"郡园雷小锋"主题德育实践活动，依托"郡园十节"平台，以体验成长、活动育人为核心目标，深入实施"大思政"教育。同时，为弘扬和传承中华优秀传统文化，学校还推出了"二十四节气"主题德育活动以及传统节日跨学科主题实践活动等。

此外，学校充分利用六一儿童节这一平台，展示育人成果。自2021年起，每年的六一儿童节，学校都与郴州市汝城县文明瑶族乡第一片小学携手，共同举办"读行芙蓉"两地学子共庆六一活动。如2021年"百年礼赞，童心向党"、2022年"劳动砺心志，快乐伴成长"、2023年"中华民族一家亲，童心共筑中国梦"、2024年"芙蓉区'红领巾爱祖国'主题示范性队日活动暨东郡小学与郴州市汝城县文明瑶族乡第一片小学'科普嘉年华'"，通过芙汝两地德育思政一体化，共同促进青少年全面发展。

（四）突破壁垒，构筑东郡"大思政"实践阵地

习近平指出："思政课不仅应该在课堂上讲，也应该在社会生活中来讲。"《中小学德育工作指南》中要求：要利用爱国主义教育基地、公益性文化设施、公共机构、企事业单位、各类校外活动场所、专题教育社会实践基地等资源，开展不同主题的实践活动，增强学生的社会责任感、创新精神和实践能力。因此，东郡小学力求打破思政课堂与社会生活之间的壁垒，把思政"小课堂"融入社会"大课堂"，精心设计了多种形式的实践活动，如每年我们走进红色场馆"橘子洲、隆平水稻博物馆、杨开慧故居"等，开展以"劳动、国防、爱国主义教育"为主题的研学活动；组建校园小警察和银行柜员等学生职业体验活动；还牵手郴州汝城第一片小学，开展了大量两地互动交流的红色思政活动，如书信交流活动、学生结对互助活动、行走的思政

课等。2024年5月，朱金秀校长亲自领队执教"行走的思政课"，带领学生前往郴州汝城"半条被子的温暖"专题陈列馆，了解红色文化，传承红色基因。我们就是希望整合全领域育人力量，打破思政课固有的空间限制，创新教育方式。

学校还充分利用新媒体平台打造大思政课堂。通过"郡之声"微电台开设了"百年礼赞郡园一片情"专栏，筑牢红色阵地，打造了10堂中国共产党人精神谱系微党课，传承和发扬中国共产党人的优秀精神品质。建立和颁布《东郡小学学生品行涵养守则》，依托长沙市教育局"人人通"平台，开展东郡小学学生综合素养评价，全方位助力郡园微文明落地，还开发了新媒体通道开展红色主题接力，两地学子连线共唱红歌《闪闪的红星》。

经过长时间的探索与实践，东郡小学在大思政课的实施路径上已取得显著进展，教育范式逐渐形成，教育效果不断提升。即便如此，东郡小学的步伐并未停歇，学校期望依托丰富的思政教育资源、强大的校园内生动力以及政策的有力支持，继续探寻一条时间上无时不有、空间上无处不在、效果上直抵人心的大思政课建设新路径，以此构建新时代大思政教育的新格局、新机制和新生态。

第一篇
思政课程活动

　　思政课是落实立德树人根本任务的关键课程，道德与法治课程是义务教育阶段的思政课，是对学生进行思政教育的主阵地，具有政治性、思想性、综合性、实践性。上好道德与法治课，有利于提升学生课程素养，为培养全面发展的时代新人打下坚实的思想根基。

　　小学道德与法治课程教学，必须坚持以立德树人为根本任务，发挥课程的思想引领作用，遵循育人规律和学生成长规律，强化课程一体化设计，以社会发展和学生生活为基础，构建综合性课程体系，坚持教师价值引导和学生主体建构相统一，建立校内与校外相结合的育人机制，并综合运用多种评价方式，促进知行合一。

思政课融入社会大课堂
——"三走进"校本思政课程活动设计

一、活动背景

新时期思政教育以学生正确的价值观培育为目标，鼓励学校通过实践教学活动，将所学知识应用于实际生活，更好地理解和践行社会主义核心价值观，在素质教育实践中培养学生的全面素质。《义务教育道德与法治课程标准（2022年版）》中明确指出，该课程旨在培养学生的核心素养，包括政治认同、道德修养、法治观念、健全人格和责任意识等。通过实践活动的方式，培养学生的公民意识、社会责任感和综合素养，有助于提高小学思政教育的实效性，使学生更好地了解社会、认识社会，增强社会责任感，为将来成为合格的公民做好准备。

传统的思政教育内容以理论为主，缺乏实践性和趣味性，教育方式陈旧，教育效果不佳，需要提倡学生自我体验式教育，注重思政教育的三个转向：从课堂转向现实生活，从知识传授转向社会活动，从书本知识转向道德技能训练，通过有趣、有意义的实践活动来提高思政教育的质量。学校依托周边湖南生物机电职业技术学院、湖南农业大学、湖南省军区教导大队、芙蓉区东岸消防中队、芙蓉区东岸街道东宜社区、芙蓉区马坡岭街道新安社区等思政教育特色资源，实施走进军营、走进大学、走进社区的"三走进"思政课程实践活动，引领学生开启社会舞台上的德育践行之旅。

二、课程活动设计理念

"三走进"思政实践活动旨在使学生在实践中学习、在体验中成长,培养他们的社会责任感、综合素质和创新精神。为学生的全面发展和社会的进步作出贡献。理念设计包括以下几个方面。

(一)体验式学习

强调学生通过亲身参与和体验来学习,让学生在走进军营、大学和社区的过程中,亲身体验不同的环境和文化,增强他们的感性认识和理解。

(二)多元化教育

活动设计涵盖多个领域和层面,包括军事、学术、社会服务等。通过多元化的体验,学生能够获得更全面的知识和技能,综合素质得到全面提高。

(三)互动与合作

注重学生之间、学生与社会之间的互动与合作。在活动中,鼓励学生团队合作、交流分享,培养他们的沟通能力和团队精神。

(四)个性化发展

尊重学生的个性差异,提供多样化的、有趣味的、富有挑战性的活动选择,激发学生的兴趣和参与度,让学生根据自己的兴趣和特长参与其中,促进其个性化发展。

(五)持续教育

将"三走进"活动视为一个持续的教育过程,而不仅仅是一次性的体验。通过后续的讨论、反思和总结,帮助学生深化对所学知识和经验的理解,并将其应用到日常生活中。

三、课程活动目标

"三走进"思政课程实践活动,旨在带领学生走进军营、走进大学、走进社区,让他们亲身体验不同领域的独特魅力,提高道德品质,改进行为习惯,从而拓宽视野、增长见识,全面提升学生的综合素质,深化思政教育的实践内涵。

（一）培养社会责任感

通过走进不同的社会领域，让学生了解社会的多样性和复杂性，培养他们对社会问题的关注和关心，激发他们积极参与社会事务的意识和责任感。

（二）增强实践能力

提供实践机会，让学生将所学的知识和技能应用到实际情境中，提高他们的问题解决能力、团队协作能力和创新能力。

（三）促进全面发展

接触不同的人和事物，拓宽学生的视野，丰富他们的经验，促进他们在思想道德、社会认知、情感态度等方面的全面发展。

（四）培养爱国主义情怀

走进军营可以让学生了解国防建设和军人的奉献精神，走进大学可以让学生感受高等教育的氛围和学术文化，走进社区可以让学生体验社会服务和公民责任，从而培养他们的爱国主义情怀和国家意识。

（五）提高综合素质

活动有助于培养学生的沟通能力、人际交往能力、领导力等综合素质，为他们的未来发展打下坚实的基础。

四、课程活动设计与实施

（一）走进军营，接受青春洗礼

新时代，培养青少年坚韧的意志和爱国情怀尤为重要。学生亲身体验军营生活，不仅能收获知识和技能，更在心灵深处种下了爱国、自律、团结和坚韧的种子。

1. 军营思政教育的内容和具体形式

（1）震撼人心的军事训练展示。军人进行队列训练，步伐整齐划一，口号嘹亮，每一个动作都充满了力量和威严。军人展示高难度的体能训练，如攀爬、跳跃等。

（2）近距离接触军事装备。学生亲自触摸和了解各种先进的武器装备。解说员详细介绍这些装备的性能和用途，让学生强化对国家军事力量更深刻的认识。

（3）参观整洁的内务。走进军人的宿舍，整齐的被褥、摆放有序的物品，让学生感受军人对内务的严格要求，也意识到自律和规范的重要性。

（4）生动的军事讲座。由军人通过丰富的图片、视频和案例，深入浅出地为学生讲解军事历史、国防安全等知识，让学生对国家的安全形势有更清晰的认识。

（5）充满挑战的团队合作训练。学生分成小组，参与各种团队游戏和任务。在这个过程中，他们学会了相互信任、协作和沟通，团队精神得到了极大的提升。

2. 军营思政教育的实施流程

（1）前期筹备。与当地军事单位取得联系，协商活动日期、流程及相关注意事项；对学生进行行前培训，包括军事礼仪、纪律要求等内容；准备必要的物资，如旗帜、记录设备等。

（2）活动开展。抵达军营后，举行简短的欢迎仪式，让学生感受军队的庄重氛围；安排参观军事设施，如训练场、武器装备展示区等，由专业军人进行讲解，让学生了解国防力量和军事科技的发展；观看军事训练表演，如队列展示、格斗术等，展现军人的飒爽英姿和过硬本领；组织学生与军人进行互动交流，听军人分享他们的故事、使命和价值观，激发学生的爱国情怀和对军人的崇敬之情；分组参与一些简单的军事体验活动，如模拟射击、军事拓展等，培养学生的纪律意识和团队协作能力。

（3）总结反思。活动结束后，组织学生进行讨论和分享，让他们表达自己的感受和收获；引导学生思考军人的奉献精神对社会和国家的意义，以及如何将这种精神应用到自己的学习和生活中；布置相关作业，如撰写心得体会、制作手抄报等，进一步深化学生对军营之旅的理解。

（二）走进大学，共赴思政之约

走进大学，与大学的交流，为学生提供了一个独特的思政教育平台，加深了学生对大学的认识，同时也促进了各学段思政教育的衔接与融合。

1."走进大学"思政教育的内容

（1）理想信念教育。通过讲述大学丰富多彩的学习生活、各种学术研究成果以及大学生为实现梦想而努力奋斗的故事，让小学生明白有理想的重要性，激励他们树立远大的理想和目标，并为之努力拼搏。介绍优秀大学生的成长历程，让小学生了解到只要有坚定的信念和不懈的努力，就能实现自己的理想。

（2）爱国主义教育。带领学生参观大学校史馆、校博物馆等，让他们了解大学的发展历程以及与国家发展息息相关的重要事件和人物。讲述大学在国家建设中所作出的贡献，以及大学生在国家重大项目中发挥的作用，培养学生的爱国主义情怀，让他们明白要为祖国的繁荣富强而努力学习。

（3）道德品质教育。小学生与大学生一起参与社区服务、环保行动等志愿服务活动，在实践中体会帮助他人、关爱社会的意义。同时，分享大学生中道德模范的事迹，引导小学生养成诚实守信、尊老爱幼、团结友爱等良好的道德品质。

（4）社会责任教育。组织交流座谈，让小学生了解大学生对社会问题的关注和思考，以及他们为解决社会问题所作出的努力。可以通过案例分析、讨论等形式，引导小学生认识到自己也是社会的一分子，树立起对社会的责任感，从小事做起，为社会的发展贡献自己的力量。

2."走进大学"思政教育的形式

（1）参观校园。安排学生参观大学校园的各个角落，如教学楼、图书馆、实验室、体育馆等，让他们感受大学的学术氛围和文化底蕴。在参观过程中，大学生作为向导，为小学生讲解校园的历史、文化以及各种设施的功能，增进小学生对大学的了解。

（2）互动讲座。举办互动式的讲座，邀请大学生和学生共同参与。讲座围绕思政教育的主题展开，如"我的大学梦""做一个有道德的人"等。在讲座中，通过提问、讨论、分享等环节，激发学生的思考和参与热情，让他们在互动中学习和成长。

（3）体验活动。设置适合中小学生参与的体验活动，如科学实验体验、艺术创作体验、体育项目体验等。让学生在体验中感受大学的学术氛围和文化魅力，同时培养他们的实践能力和创新精神。

（4）文艺表演。组织大学生和小学生一起进行文艺表演，如诗歌朗诵、歌曲演唱、舞蹈表演等。通过文艺表演的形式，传达思政教育的内容，让学生在轻松愉快的氛围中接受思政教育。

（5）主题展览。举办以思政教育为主题的展览，如"大学生的成长之路""社会责任在行动"等。展览通过图片、文字、实物等形式展示，让学生直观地了解思政教育的内容和意义。

（6）实践课程。安排学生参与大学的实践课程，如手工制作课程、烹饪课程、园艺课程等，让小学生在实践中学习知识和技能，同时培养他们的动手能力和团队协作精神。

（三）走进社区，促进公民成长

走进社区开展思政教育，让学生与社区居民互动，提高沟通和协作能力，明白自己作为公民的权利和义务，树立正确的价值观；学生的参与能为社区带来活力，并促进社区活动创新，促进社区的和谐发展和进步。

（1）精心策划。与社区管理部门取得联系，了解社区的基本情况和需求，确定活动的主题和形式。学校每一年与社区相关负责人多次共同商讨活动细节，制定详细的活动方案。方案包括活动的主题、目标、内容、时间安排以及参与人员等。

（2）社区探索。结合社区实际情况，开展一些调研活动，如了解社区居民的生活状况、需求和意见等，让学生学会关注社会问题。成立综合实践活动小组，走访社区的各个角落，了解社区文化特色、基础设施建设等情况，并认真记录，积极提问。

（3）开展社区志愿服务。服务小组参与社区环境美化，清理社区内的垃圾和杂物，参与垃圾分类宣传，参与社区助老活动，为老年人表演节目、打扫房间，辅导社区儿童学习等。

（4）主题讲座。社区邀请相关专家和社区工作者，为学生举办一系列主题讲座。讲座内容包括社区治理、公民权利与义务、志愿服务精神等。学生认真听讲，积极思考，与专家和社区工作者进行互动交流，进一步提升自己的思想认识。

（5）组织社区文化宣传活动。如举办文化展览、宣传环保知识等，提升学生的社会参与意识和沟通能力。可以与社区居民共同举办一些文艺活动或体育比赛，增进学生与社区居民的感情和交流。

（6）成果展示。学校组织学生进行成果展示。通过图片、文字、视频等形式，展示自己在走进社区活动中的收获和体会。组织学生对社区活动进行总结和反思，分享自己在服务过程中的体会和收获。引导学生思考社区发展与个人成长的关系，鼓励学生积极参与社区建设。将活动成果反馈给社区管理部门，为社区的发展提供参考和建议。对表现优秀的学生进行表彰和奖励，激励更多学生参与社区服务活动。

五、课程活动特色与效果

"三走进"思政教育课程实施，依托主题实践活动开展，具有多方面的重要意义和成效。

（一）增强了学生的实践体验，提升了思政教育实效性

"三走进"活动引导学生深入实际生活，亲身感受和接触真实的社会环境，通过实际观察、参与和体验，将思政教育场景拓展到社会生活中，使思政教育更加贴近实际、贴近生活、贴近学生，增强了学生对思政教育内容的认同感和领悟力，激发学习兴趣，提高学习积极性，使思政教育更具实效性和吸引力，真正达到育人的目的。

（二）促进了学生的全面发展

"三走进"活动提供了丰富的实践机会，有助于培养学生的社会责任感、创新精神、解决问题的能力和团队协作精神等。学生在与不同群体的互动中，学会理解和尊重他人，提升了人际交往能力。同时，通过参与社会实践，学生能够更好地了解自己的兴趣和潜力，有利于他们进行自我规划和发展，实现全面成长。

（三）加强了校社联系，推动了社会和谐发展

"三走进"活动搭建起了学校与社会之间的桥梁，促进了学校与社会各方面的交流与合作。学校可以更好地了解社会需求和动态，调整教育教学内容和方法；社会也能够通过参与学校的思政教育活动，为学生提供更多实践资源和支持，形成良性互动的教育格局。

六、课程活动实施反思

"三走进"思政教育活动作为培养全面发展的人才的有效途径，要真实有效持续推进，需注重以下几个方面的问题。

（一）安全保障

要确保学生在活动过程中的人身安全，提前做好安全防范措施，如购买保险、安排专人负责安全防范等。

（二）教育引导

将思政教育贯穿活动的始终，通过各种形式引导学生树立正确的价值观、人生观和世界观。

（三）个性化关注

关注每名学生的表现和需求，根据学生的特点和兴趣提供个性化的指导和帮助。

（四）多方合作

加强与各方的合作与沟通，包括军事单位、大学、社区等，形成教育合力，共同推动活动的顺利开展。

（五）持续改进

及时总结活动经验和教训，不断改进活动方案和组织管理，提高活动的质量和效果。

在学校少年宫里上思政课
——学校少年宫课程活动设计

一、课程活动背景

学校少年宫活动课程，既能帮助青少年树立正确的世界观、人生观和价值观，促进青少年道德品质和社会责任感的养成，又能传递优秀文化和民族精神，增强文化自信，提高心理素质，引导青少年养成良好的道德行为习惯，促进青少年的全面成长。这无疑是一个农村未成年人思想道德建设工作的新平台。但在运行过程中，由于认识程度、路径方法、实施策略等环节出现偏差，仍然存在以下一些问题。

（一）思想观念滞后

学校少年宫由于资源有限，在人力、物力、财力等方面投入不足，教师对思想教育的理解和实施能力有限，没有将思想教育摆在应有的重要位置，在资源分配和工作安排上有所忽视。体现在课程设置方面，表现为：思想教育元素缺乏，各类文体活动未能有效融入思想教育内容；在师资建设方面，思想教育方面的专业能力不能紧跟时代发展的要求；在活动策划方面，缺乏系统的教育规划，只注重眼前的活动开展和成果展示，忽视了思想教育的长远影响。

（二）活动安排主题缺失

在学校少年宫活动中通过生动具体的主题实施，更容易激发学生的情感共鸣，使思想教育更有针对性，聚焦性更强。如果对主题活动的重要性认识不够深刻，或者受限于资源而难以开展丰富多样的主题活动，或者不能及时挖掘新颖的、有吸引力的活动主题，不能及时根据参与者的反馈来调整和优化活动主题，活动主题没有系统地策划和安排，都会使活动主题有所缺失，不能充分发挥主题活动的思政教育效果。

（三）思政实践知行失调

学校少年宫的思政教育中存在认识和实践相脱节的现象，存在"知"与"行"的差距。具体表现在：对思政理论知识了解较多，但在实际行动中缺乏相应的体现；知道应该怎么做，但在实际中却没有积极去践行；只在某些方面表现出与思政要求相符的行为，而在其他方面则忽视或选择性践行；在遇到困难或诱惑时，不能坚持按照思政要求去行动。究其原因，有些是缺乏实践资源，包括实践场地、设备等不足，有些是时间安排紧张，难以抽出足够时间进行实践活动，有些是活动设计不合理，不能有效对实践活动进行组织和指导，还有些是安全顾虑，担心实践过程中出现安全问题而减少实践活动。

基于此，在实施维度上有必要整合实践资源，配套思政教育可操作性、灵活性、有效性机制，促进思政教育与学校少年宫活动融合，开辟思政教育的第二课堂。

二、课程活动设计理念

学校少年宫课程活动设计理念是一个综合性、系统性且富有创新精神的体系，旨在通过精心设计的课程和活动，为学生提供一个高质量、有意义的思政教育平台，让他们在其中收获深刻的思想启迪、丰富的实践经验和全面的素养提升，为他们的未来成长和发展奠定坚实的基础。

（一）价值引领是思政教育的核心要义

明确思政课程要坚定不移地引导学生树立正确的世界观、人生观和价值观。运用富有感染力的教学方法和案例，引发学生的情感共鸣，使他们在情感的驱动下更加自觉地接受和践行思政理念。将思政教育与知识传授、技能培养、身心健康等方面相互融合、相互促进，共同推动学生的全面协调发展。

（二）贴近生活是让思政教育落地生根的关键

充分考虑到学生的生活环境和日常体验，将思政内容与他们熟悉的生活场景紧密结合。深入挖掘学校所特有的历史文化、风俗习惯、传统技艺等丰富资源，并将这些元素巧妙地融入思政课程活动中，使思政教育具有浓厚的地域特色和文化底蕴。

（三）实践导向强调了"知行合一"的重要性

设计大量具有实践意义的活动，让学生在实际行动中践行关爱他人、奉献社会的理念。通过这些实践体验，让学生切实感受到思政理论在现实生活中的具体应用，从而促进他们对思政理论的深刻理解和内化。

（四）与时俱进使思政教育始终保持鲜活的生命力

紧密关注社会发展的动态和时事热点，及时将新的思想观念、政策法规和社会现象引入课程活动中。通过对当下热点问题的分析和探讨，培养学生的社会洞察力和时代责任感，使他们能够紧跟时代步伐，适应社会发展的需求。

三、课程活动目标

学校少年宫以"快乐·经典·健康"为主线，秉承学生"享受幸福现在，构筑最好未来"的办宫理念，贯彻"以乐促智、以技促能、以读养德、以德育人"精神，培养学生兴趣，挖掘学生潜力。具体的思政课程活动的目标包括以下几个方面。

（一）知识与认知目标

（1）让学生深入了解社会主义核心价值观的内涵与意义，增强对国家、社会、公民层面价值要求的理解。

（2）使学生熟悉中国特色社会主义的理论体系、发展历程和伟大成就，培养学生的国家认同感和民族自豪感。

（3）帮助学生掌握基本的思政理论知识，如道德规范、法治观念、公民权利与义务等。

（二）情感与态度目标

（1）激发学生对祖国、对家乡的热爱之情，强化其家国情怀和乡土意识。

（2）培养学生积极向上的人生态度和乐观进取的精神品质，增强其面对困难和挑战的勇气与信心。

（3）引导学生树立正确的是非观、善恶观，提升其道德情感和审美情趣。

（三）能力与技能目标

（1）提高学生的独立思考能力、批判性思维能力和分析解决问题的能力，使他们能够理性看待各种社会现象。

（2）锻炼学生的沟通交流能力、团队协作能力和社会适应能力，为其未来融入社会打下良好的基础。

（3）培养学生的实践创新能力，鼓励他们通过实践活动来践行思政理念，探索解决现实问题的新途径和新方法。

（四）行为与习惯目标

（1）促使学生养成良好的行为习惯，如诚实守信、尊老爱幼、遵守纪律等。

（2）引导学生在日常生活中积极践行社会主义核心价值观，以实际行动传播正能量。

（3）培养学生关注社会、关爱他人的习惯，鼓励他们参与社会公益活动，为社会发展贡献自己的力量。

四、课程活动设计与实施

（一）课程活动设计内容

学校少年宫思政课程活动内容设计为"活动准备、活动实施、总结交流、宣传拓展"四个阶段，其中"活动实施"内容又分为基本性、选择性和生成性三大实践活动任务群。思政教育实践活动内容注重选择性、开放性和生成性，让不同能力水平、不同兴趣特长的学生各有所得。每个环节、每个活动小主题既相对独立，又相互联系，通过交流展示，构建成一个完整的思政主题完整案例和德育体系。

（二）课程活动实施途径和问题解决策略

学校少年宫各学员分层次选择思政教育内容，各个班级将学生分为不同社团或者兴趣小组，每个社团或者小组除参加"基本性任务"的活动外，还分别从"选择性任务"四个小主题中选择一个作为主要活动内容，部分学生跨组兼选生成性小主题活动，或将活动中发现的某一感兴趣的问题转换成"生成性任务"小主题进行主题实践活动（见表1）。

表1 学校少年宫思政教育主题实践活动分主题实施路径

主题及任务		实施路径	问题解决策略
沉浸式体验	历史场景再现	通过布置场景、道具等，还原历史事件发生的场景	利用虚拟现实等技术，让学生沉浸式感受历史场景和事件
	实地参观体验	组织学生到相关历史遗迹、博物馆等实地参观，感受真实的历史氛围	
跨学科融合	场馆日常活动	创作思政主题的绘画、音乐、舞蹈等作品；以科学实验或探索来体现思政理念；通过写作、朗诵等方式表达思政情感；在体育活动中培养团队精神和坚韧品质	将思政教育与科学、艺术、体育等学科相结合，丰富活动内涵
	综合实践活动	在劳动实践中体会奉献和责任；运用信息技术制作与思政相关的作品，并进行展示	
项目式学习	绿色环保项目	组织学生开展环保行动，如垃圾分类、植树造林等	让学生通过完成特定项目来深入理解思政教育内容
	手工制作项目	学习和制作具有地方特色的手工艺品	
	公益服务项目	开展关爱老年人、帮助困难群体等公益活动	
角色体验	我是小记者	采访地方人物，介绍地方景点和文化，撰写新闻报道	让学生扮演特定历史人物或职业角色，体验其经历和感受
	我是小发明家	发挥创意，进行发明创造的体验	

续表

主题及任务		实施路径	问题解决策略
创作与分享	主题故事比赛	举办以思政教育为主题的故事比赛,鼓励学生创作并讲述	鼓励学生创作与思政相关的故事并分享,提升学生的表达和理解能力
	故事交流剧场	组织学生进行故事表演交流,互相分享创作心得和体会	
社区互动	文化进社区	将少年宫的文体活动带到社区,如文艺演出、手工展示等	与当地社区合作,开展社区服务项目,增强学生的社会责任感
	社区宣传活动	组织学生进行社区宣传,传播正能量和知识	
新媒体运用	短视频制作	学生通过拍摄短视频来展示活动内容或思政教育主题	通过制作短视频、动画等新媒体形式传播思政教育内容
	线上展览	将学生的作品以线上展览的形式呈现,方便更多人观看	
乡土文化融入	乡土文化讲座	邀请专家或当地长者讲解乡土文化知识;阅读乡土文学作品,感受其中的情感和内涵	挖掘当地乡土文化资源,让学生在亲近家乡中接受教育
	乡土风俗体验	参与当地的传统风俗活动,如赛龙舟,学习制作当地特色美食	

五、课程活动特色与效果

学校依托少年宫开展思政课程实践活动,集开放性、实践性、综合性、体验性和跨学科性于一体,涵盖了科学、品德、体育、美术、文学等多个领域,在任务和问题的引领下促进学生在实践中提升道德修养的能力,丰富了新时代思政教育内涵和方式,获得了许多积极且具体的实施效果。

首先,这样的活动能够极大地提升学生的思想政治素养。在参与实践的过程中,学生有机会深入接触和学习社会主义核心价值观,真切地感受其内涵和意义,从而更加坚定地树立正确的世界观、人生观和价值观。他们会逐渐明白爱国、敬业、诚信、友善等价值观念的重要性，并将其内化为自身的行为准则。

其次，对于学生实践能力的增强具有显著作用。通过参与各种思政主题实践活动，如社会调研、志愿服务、文化体验等，学生能够亲身体验和实践所学的理论知识，将理论与实践相结合。这不仅有助于他们更好地理解和掌握知识，更能锻炼他们的动手能力、沟通能力、团队协作能力等，提升他们在实际生活中解决问题的能力。

再次，这类活动有利于促进学生的全面发展。它丰富了学生的课余生活，让他们在学习之余能够有机会参与各种有意义的活动，培养自己的兴趣和才能。学生可以在活动中发现自己的潜力和优势，拓展自己的视野和思维方式，从而实现全面发展。学生通过参与思政主题实践活动，了解到社会的需求和问题，感受到自己作为社会成员的责任和义务。他们会更加关心他人、关心社会，积极主动地为社会的发展贡献自己的力量，增强社会责任感和使命感。

最后，依托学校少年宫开展此类活动有助于加强校园文化建设。积极向上的思政主题实践活动提供了更多优质的思政教育资源和发展机会，弥补了思政教育资源相对不足的缺陷，能够营造出浓厚的校园文化氛围，激发学生的学习热情和积极性，推动学校思政教育的深入开展。这种文化氛围会潜移默化地影响学生，使他们在良好的环境中成长和进步。

六、课程活动实施反思

学校少年宫思政课程活动是一项具有重要意义的工作，需要在实践中不断总结经验、反思不足，持续改进和完善活动方案，以提高活动的质量和效果，为学生的成长和发展提供更好的支持和保障。

（一）创新活动形式和内容

在活动设计方面，需要结合地方文化、传统习俗等元素，设计独特新颖的活动方案，让活动更具吸引力和感染力。要鼓励学生积极参与活动的设计和策划，发挥他们的创造力和想象力，让活动更贴近学生的实际需求和兴趣爱好。活动的主题、内容和形式应紧密结合学生的生活背景和认知水平，避免过于理论化或脱离实际，确保活动能够真正触动学生的心灵，引发他们的共鸣和思考。

（二）资源整合及其利用

充分挖掘学校少年宫以及社区的现有资源，如场地、设施、人力等，并将其合理有效地应用到活动中。加强与当地政府、企业、社会组织等的合作与交流，实现资源共享、优势互补，共同开展更丰富多样的思政主题实践活动，拓宽资源渠道，提高资源的丰富度和利用效率。此外，还需要思考如何更好地培养学生的资源意识和管理能力，让他们学会珍惜和利用资源。

在主题班队课中坚定信仰

——"坚定信仰跟党走 传承精神报家国"班队活动

一、活动背景

习近平总书记指出:"一个国家、一个民族不能没有灵魂。"[1]红色基因作为先进思想文化因子的高度凝练和升华,已然深深地融进中华民族的血脉之中。进入新时代,面对错综复杂的国际形势和艰巨繁重的改革发展任务,全党全国各族人民必须传承好红色基因,筑牢中华民族伟大复兴之魂,凝聚起同心共筑中国梦的磅礴力量。"一个国家、一个民族要振兴,就必须在历史前进的逻辑中前进、在时代发展的潮流中发展。"[2]只有不断正本清源,坚持与时俱进,立足铸魂育人,才能保持红色基因的政治底色、鲜明特色和价值本色,为习近平新时代中国特色社会主义思想的发展夯实信仰之基、铸牢思想之魂。

"培养学生爱党爱国爱人民,增强国家意识和社会责任意识"是《中小学德育工作指南》的德育总体目标。[3]小学生是未来中国的中流砥柱,他们的思想素质直接影响到未来中国的素质,培养他们的爱国主义精神,提高他们的爱

---

[1] 摘自习近平总书记2019年3月4日在参加全国政协十三届二次会议文化艺术界、社会科学界委员联组会时提出的治国方针理念。全文刊登在《求是》杂志2019年第8期。

[2] 摘自国家主席习近平2021年11月4日在第四届中国国际进口博览会开幕式以视频方式发表的主旨演讲《让开放的春风温暖世界》。

[3] 2017年8月17日教育部印发《中小学德育工作指南》(教基〔2017〕8号),明确提出中小学德育总体目标。

国主义觉悟是关系国家前途命运和荣辱兴衰的重要任务。近年来，学校对于爱国主义教育十分重视。四年级学生有爱国心，能表达爱国情，但是他们的物质生活条件普遍较好，大部分学生不懂得今天的幸福生活来之不易，在生活中没有目标感，意志力薄弱，容易产生畏难情绪，难以体会个人命运和国家命运息息相关，个人的未来与民族的未来紧密相连。我们通过班会课的积极引导，通过让学生联系生活，激励学生志存高远，争做新时代好少年，把个人的理想融入党和国家事业中，厚植爱国情怀，努力做祖国和人民事业的接班人。

二、活动目标

（一）认知目标

通过收集资料、寻访调查和小组讨论，了解长沙乃至整个国家在富强之路上各个方面的发展及成就，感受中国之强大；通过观看视频、分析时事，明白爱国不是只喊口号，要从身边小事做起。

（二）情感目标

通过观看视频、分析时事等活动让学生产生爱国情怀，从而明确自己肩上所担负的责任，从现在起，坚定自己的理想，立志努力学习，将来为中国特色社会主义现代化建设作出贡献。

（三）行为目标

明志笃行，将先辈们的优秀品质内化于心、外化于行，从小事做起，锻炼优秀品格，争做新时代好少年。

三、活动准备

（一）学生准备

了解中华人民共和国成立前的屈辱历史和为祖国贡献力量的英雄事迹；收集体现中国变化的资料。

（二）教师准备

收集长沙新旧对比资料；收集祖国发展历程、中共一大召开背景等视频，李大钊事迹等资料。

四、活动过程

（一）百年之路，敢教日月换新天

（1）"2023世界旅游城市联合会长沙香山旅游峰会"在长沙举办，为庆祝峰会圆满成功，长沙举办了音乐焰火晚会。看到此景，我心中想起了：太平盛世、国泰民安。正好，我在网上，看到了几张百年前长沙的旧照片，一对比，更是感慨万千。（出示长沙新旧对比，谈感受）

（2）长沙是中国的一个缩影。中华人民共和国成立以后，特别是改革开放以来，不仅仅是我们长沙，整个中国都发生了翻天覆地的变化。说一说身边让大家感到骄傲的变化。

（3）在中国共产党红色精神的感召下，亿万中国人民同心同向，奋勇前进，逐步实现了救国、兴国的目标，走在了富国、强国的征程上。（播放新中国百年巨变的视频）今天的中国，神舟上天、蛟龙下海……中国创造了一个又一个令世界惊叹的奇迹。

（4）在我们为祖国成就骄傲的时候，也不禁思考：为什么中国能够取得如此巨大的成就？谁在背后推动新中国的建立和发展？是怎样一种精神让一代又一代的中国人奋勇向前？让我们回到百年前去寻找答案。

【设计意图】通过了解百年前后的中国国情对比，感受今天的幸福生活来之不易。

（二）红色，是一种信仰

1. 知历史，明志向

（1）观看视频，交流自己印象最深刻的画面，说说自己所知道的历史。今天就让我们一起穿越时空，回到1921年前后。

（2）那时的中国极其落后，被列强侵略，导致割地赔款。政府软弱妥协，社会动荡不安。那时的老百姓迫切想要过上有尊严的生活，想要社会安宁，想要国家富强。就在这时，一群有志青年听到了人民的呼唤，他们集结起来，召开了中共一大，成立了中国共产党。

（3）播放宣誓视频，看一看：视频中他们在干什么？他们为什么要高举右手紧握拳头？

（4）他们说出的不仅仅是几句话，而是一种铿锵的誓言。

2. 品故事，传精神

（1）读李大钊的故事，想一想：是什么让他坚定地选择投入危险的革命斗争呢？

（2）讲英雄故事，传红色精神。在百年风雨中，革命先烈抛头颅、洒热血，换来了如今我们幸福美好的和平年代。你还知道哪些英雄故事？

（3）总结：为开辟前进道路，用身体做支架，高举起炸药包的董存瑞；长津湖，在零下40摄氏度的严寒中，宁死不屈地战斗的冰雕连战士；只要人民需要，地震、洪水，也绝不退缩的人民子弟兵；汶川地震中，张开瘦弱双臂保护学生的谭千秋老师；疫情下，逆行抗疫前线，按下一个又一个红手印的医护人员。无论是战乱漂泊之际，还是国家太平之时，总有人用自己的方式深深地爱着我们的祖国。没有人生来勇敢，只是国家和人民需要我！请诵读下面这段文字，感恩英雄：没有天生的英雄，只因心怀信仰，背负责任，才拥有了无畏的勇气，才有了一群挺身而出的中国人！

【设计意图】首先通过视频影片和图片展示相关资料，让学生直观感受战乱年代里，人们所经历的苦难，简单介绍当时的历史背景以及中国共产党成立的历史；同时，通过了解李大钊的英雄事迹，感受战争年代革命先烈身上的坚定信念和矢志不渝的精神，最后说一说自己了解的英雄故事，传承革命先烈的红色精神。

(三) 坚定信念跟党走，传承精神报家国

1. 生活对照，践行爱国志

（1）出示几幅图片，小组自由辨析：这些行为是不是爱国的表现？为什么？

（2）是的，我们有部分同学口头爱国时激情满满，但动起真格来，哪怕碰到身边需要做的小事，如搞卫生、加入"光盘"行动等，都不愿承担责任。其实爱国很简单，就是从我们身边的点滴小事做起。

① 从身边小事做起，爱护身边的一花一木，节约一滴水一度电。

② 上好每一节课，写好每一个中国字，完成每一份作业。

③ 体会父母的艰辛不易，尊重父母，主动分担家务。

④ 只有学会付出、传递"小爱"，才能汇聚成对祖国的"大爱"。

⑤ 关心国家大事，关心家乡的变化。

⑥ 天天佩戴红领巾，严肃参加升降旗仪式，高唱国歌。

⑦ 诚实守信，讲社会公德。

⑧ 努力学习各种本领，争取成为建设祖国的有用之才。

2. 梦想起航，厚植爱国情

（1）"天下兴亡，匹夫有责"，始终心系党和祖国伟业，坚定信念跟党走，更是少年儿童的责任。一代人有一代人的梦想，一代人有一代人的使命。今天，党和国家的理想是实现中华民族伟大复兴的中国梦。2035年，中国将基本实现社会主义现代化，到那时候，同学们会成为社会主义现代化建设的中坚力量，你的2035会是怎样的呢？你有怎样的梦想等待时间来验证？

（2）在"梦想之舟"上写下自己的奋斗目标。想一想，你的理想是什么，你会怎么做？学生思考汇报：我是一名少先队员，我的名字是（　　），今年我（　　）岁了。我要努力成为一名（　　）（职业），为了实现这个梦想，我要（　　）（具体怎么做）。

（3）小结：真高兴看到同学们的梦想，丰富而美好，我们生逢盛世，在大有可为的时代，只要把梦想和脚踏实地相结合，使个人理想与历史使命同频共振，同学们定能大有作为！同学们，希望你们既有中流击水的梦想，又有浪遏飞舟的力量。加油吧，少年，你的未来不是梦！

（4）请全体同学起立，让我们喊出对时代、对党、对自己的坚定誓言。呼号：我们，生逢盛世，肩负重任！追着光，靠近光，成为光，散发光！我们，不负青春，不负时代，让奋斗成为青春最亮丽的底色，做闪闪发光的自己！请党放心，强国有我。请党放心，强国有我！

【设计意图】首先通过漫画对比，联系生活体验，引导学生在看中学、做中悟，用实际行动践行爱国主义精神；同时，通过认识了解身边的榜样，进而了解新时代年轻人的担当，唤起学生心中的爱国之情，激励学生树立远大理想，努力学习，为未来建设祖国打下思想和行动的基础，真正把爱国之志变成报国之行。

（四）班会后开展延伸教育活动

百年征程，历久弥坚。这一百年是中国共产党践行初心使命、坚定理想信念的精神史诗，是创造人间奇迹、迈向伟大复兴的光辉历程。爱国不仅仅是一个口号，更是要求大家付出实际行动，内化于心，外化于行。基于此，我们可以开展以下活动。

（1）"祖国在我心中"演讲活动。可以围绕以下内容开展"祖国在我心中"演讲活动：爱国英雄故事；显示中国经济、军事、综合国力等；宣扬身边人的爱国行为。旨在激发学生爱国心、报国情、强国志。

（2）"我是晨会小模范"评比。在升旗仪式中，评选站姿最挺拔、敬队礼最标准、唱国歌最铿锵的学生为小模范，引导学生爱国从身边每一件事做起。

（3）家校合育。通过家校沟通群，与家长分享本节班会的主要内容，鼓励孩子们回家与家长说一说收获，建议家长利用国庆假期带孩子观看爱国电影《长津湖》《我和我的父辈》等。

（4）"我的爱国情诗"。通过写诗的方式书写自己对祖国和对爱国人士的敬仰之情，时刻提醒自己牢记使命，勇于担当，以史为鉴，以英雄人物为榜样，传承爱国精神，践行爱国之志。

【设计意图】本节课的学习，是让学生学党史，打开时间闸门，翻阅红色篇章，汲取前行的智慧与力量。通过引导学生继续学习，用生动的故事讲述中国共产党开天辟地、改天换地、翻天覆地、顶天立地的奋斗征程，进一步提升学生爱党爱国的思想情感。

五、活动特色与效果

（一）课堂达成了知情意行的统一

本节课通过新旧对比，引导学生对祖国翻天覆地变化的具体认知，感受中国之强大；通过观看视频、分析时事等活动让学生产生爱国情怀，明确自己肩上所担负的使命；通过明理、辨析等坚定理想，立志努力学习，将来为中国特色社会主义现代化建设作出贡献；通过讨论分享，引导学生把爱国主义教育的情感、意志、知识转化为自身的社会实践、日常行为。

（二）以真实、鲜活、接地气的资源提升爱国主义教育效果

爱国主义不是空洞的理论和口号，要立足现实、联系生活。本节课把真实生活当作爱国主义教育的主要资源，把真实生活过程作为爱国主义教育的重要途径。让学生切实感受到爱国是具体的、现实的，是渗透在日常生活的方方面面的。

（三）爱国主义教育需要从课内走向课外

实践行动是爱国主义教育的有效路径。"延伸活动"部分引导学生从班会课的认知学习走向社会大课堂的具体体验。之后从社会大课堂的亲身实践回归到集体共享课堂的精神提炼，构筑起立体化学习网络，在潜移默化中厚植爱国主义情怀，增强学生担当民族复兴大任的精神力量。

六、活动反思

（一）"自主教育"特点有待凸显

班会课应该是促进学生自我教育的课堂。本节课从主题确定到教学活动方案设计，学生主体参与度不高。如果课前能将班会素材前置，让学生在收集资料过程中参与拟定主题、设计问题、设计学习环节，那么，学生将会更有主动性和积极性地参与课堂体验、分享与思辨，最终达成自我教育、自主建构的目的。

（二）学生学习"支架"有待完善

学生语言组织能力和时事分析能力还不够，有些感受表达得不够完整，不够有逻辑性，说明这节课某些问题设置难度过高，在今后的班会课设计中要注意将问题分解或多给学生回答的"支架"。另外，从整堂课教学效果来看，"生成"还不够，究其原因在于缺乏一个循序渐进的方法"支架"体系，使主题价值内涵升华没有大的突破。

（三）课后延伸活动评价机制有待建立

如何实现课外实践效果，"评价"是关键。在今后的教学中还应关注学生实践过程，可引入表现性评价，采用"以证据为基础，用证据来评价"作为导向，看见每个学生的"真"成长，真正将爱国情、强国志、报国行自觉融入为祖国多作贡献的坚定信念中。

铸牢中华民族共同体意识
——"中华民族一家亲"主题活动设计

一、活动背景

（一）国家政策大背景

东郡小学作为湖南省芙蓉区的一所示范学校，积极响应国家关于民族团结进步的政策号召，致力于开展铸牢中华民族共同体意识教育，为推动民族团结进步贡献力量。

（二）学生思政教育现状

当前，学生对中华民族的多元文化了解不够全面，对不同民族的交流融合缺乏深刻认识。学校亟须通过创新的教育活动，增强学生的民族认同感，促进民族文化交流，培养学生的民族团结精神。

（三）学校存在的问题

学校在开展民族团结教育方面还存在一些不足，如教育资源有限、教学方法单一、学生参与度不高等。需要通过创新教育活动，丰富教育资源，提升教育质量，增强学生的参与感和体验感。

（四）结对帮扶的实践意义

东郡小学与郴州市汝城县文明瑶族乡第一片小学的结对帮扶，是学校民族团结教育的重要组成部分。通过这一活动，东郡小学的师生们有机会深入了解瑶族的传统文化和现代生活，同时也为瑶族乡的孩子们带去了新知识和新视野。这种跨越地域和民族的交流，有助于增进各民族间的相互理解和尊重，促进民族团结。

（五）铸牢中华民族共同体意识的重要性

共同体意识是民族团结的基石。通过铸牢中华民族共同体意识，可以增强民族凝聚力，促进社会和谐稳定。东郡小学通过开展形式多样的活动，让学生从小树立正确的民族观念，培养他们成为增强民族团结的积极分子，为将来成为社会有用之才打下坚实基础。

二、活动目标

（一）增强民族认同感

通过活动让学生深入了解不同民族的文化特色和历史传统，增强对中华民族多元一体的认同感，从而培养学生的民族自豪感和归属感。

（二）促进民族文化交流

鼓励学生主动学习和体验不同民族的文化，通过交流和互动，打破文化隔阂，促进不同民族学生之间的相互理解和尊重。

（三）培养民族团结精神

通过小组合作和共同参与活动，培养学生的团结协作精神，让学生认识到民族团结的重要性，为构建和谐社会作出贡献。

（四）增强法治意识和社会责任感

结合普法教育，让学生了解国家对民族平等的法律保障，增强法治意识。同时，通过结对帮扶等社会服务活动，培养学生的社会责任感和公益心。

（五）推动社会和谐与进步

活动旨在推动各民族间的和谐共处，支持少数民族地区教育和文化的发展，为社会培养具有民族融合意识和能力的下一代。

（六）丰富教育资源，提升教育质量

结对帮扶活动为学校带来了丰富的教育资源和教学案例，通过创新的教学方法，提升学校的教育质量，增强学校在社会上的影响力，为学生的全面发展提供支持。

三、活动设计与实施

（一）谈话导入，走进中华民族大家庭

在这一部分，教师将引导学生进行互动讨论，通过提问和讨论的方式，让学生表达对祖国的热爱和对多民族大家庭的认识。教师会展示中国地图，指出不同民族的聚居区域，并通过比例图直观地展示汉族与少数民族的人口分布差异。此外，教师将组织一次小调查，邀请少数民族学生分享他们独特的文化特色，如民族舞蹈、音乐、传统节日和特色美食等，以此增进班级成员之间的相互了解和尊重。

（二）探索中华民族大家庭

接下来，教师将带领学生进一步探索中华民族的多样性和丰富性。通过讲述民族交流融合的历史故事，如昭君出塞、张骞出使西域等，以及播放相关视频资料，让学生感受到民族交流的深远影响。此外，教师将引导学生讨论民族关系，结合《中华人民共和国宪法》中关于民族平等的原则，让学生理解法律对民族团结的保障作用。

（三）树立"中华民族一家亲"意识

在这一环节中，教师将通过案例分析的方式，让学生思考如何在日常生活中尊重和理解不同民族的文化。例如，通过讨论东郡小学与郴州市汝城县文明瑶族乡第一片小学的结对帮扶故事，让学生发表自己的看法，教师则引导学生认识到民族间的相互支持和帮助是构建"中华民族一家亲"意识的重要途径。小组合作交流将为学生提供一个分享个人感受和看法的平台。

（四）"中华民族一家亲"心声呼唤

活动的最后，教师将组织一个"心声呼唤"环节，让学生通过书写爱心便利贴的方式，表达对民族团结的祝福和希望。这个活动旨在让学生将内心的想法和愿望转化为文字，以此加深学生对民族团结重要性的认识。教师会对学生的心声进行小结，强调民族团结对于国家和社会的重要意义，并鼓励学生将这种意识转化为实际行动。

通过这四个环节的设计和实施，东郡小学的民族融合思政活动将有助于学生更深刻地理解中华民族的多样性，增强民族平等和团结的意识，从而为构建和谐社会贡献自己的力量。

四、活动特色与效果

（一）学生表现和反馈

在活动结束后，学生的表现和反馈是评估其效果的重要指标。从整体上看，学生在活动中展现出了极高的参与度和积极性。在"谈话导入，走进中华民族大家庭"环节，学生积极发言，用充满自豪感的语言描述了对祖国的热爱和对不同民族文化的好奇。在地图和比例图的展示中，学生认真观察并提出了许多有关民族分布的问题，显示出了浓厚的学习兴趣。

在"探索中华民族大家庭"环节，学生通过历史故事和视频资料的学习，对民族交流和融合有了更深刻的理解。他们对民族关系的历史和宪法中关于民族平等的规定表现出了积极的态度，并能够结合自己的认识进行讨论。

在"树立'中华民族一家亲'意识"环节，学生通过案例分析，对如何尊重和理解不同民族文化进行了深入的思考。小组合作交流中，学生积极分享了个人看法，表现出了对民族团结的认同和支持。

最后在"'中华民族一家亲'心声呼唤"环节，学生通过书写爱心便利贴，表达了对民族团结的美好愿望和对未来的期待。这些便利贴充满了温情和希望，展现了学生对民族和谐社会的向往。

（二）活动对学生认识和态度的影响

通过这次活动，学生的认识和态度发生了积极的变化。首先，学生对中华民族的多样性有了更加全面和深入的了解。他们认识到，中国是一个由56个民族组成的大家庭，每个民族都有其独特的文化和传统，这些文化和传统共同构成了中华文化的丰富多彩。

其次，学生对民族平等和民族团结的重要性有了更加深刻的认识。通过学习宪法中关于民族平等的规定，以及讨论民族关系的历史，学生意识到，民族平等不仅是法律的要求，也是社会和谐与进步的基础。他们开始思考如何在日常生活中践行民族平等和团结的原则。

此外，学生的民族自豪感和归属感也得到了增强。通过了解不同民族的文化特色，学生对中华文化的博大精深感到自豪。他们认识到，作为"中华民族"中的一员，自己有责任传承和发扬中华文化，促进民族间的交流与融合。

最后，学生的社会责任感得到了提升。通过参与结对帮扶等社会服务活动，学生意识到，每个人都可以为民族团结和社会和谐作出贡献。他们开始思考如何将所学知识和技能应用到实际生活中，为构建民族一家亲的社会贡献自己的力量。

这次民族融合思政活动取得了良好的教育效果。通过活动，学生不仅增长了知识，开阔了视野，更重要的是，他们的价值观和人生观得到了积极的引导和塑造。学生对中华民族的多样性有了更加深刻的理解，对民族平等和团结的重要性有了更加清晰的认识，对中华文化的认同感和自豪感得到了增强，社会责任感得到了提升。这些变化将对他们的成长和发展产生深远的影响。未来，东郡小学将继续开展形式多样的民族融合教育活动，为铸牢中华民族共同体意识、培养德智体美劳全面发展的社会主义建设者和接班人作出更大的贡献。

五、活动反思与展望

在对东郡小学的民族融合思政活动进行深入分析后，我们可以从多个角度来总结其成功之处和存在的不足，并据此提出改进措施和对未来民族融合教育的建议。

（一）成功之处

活动成功地激发了学生对中华民族多元文化的兴趣和尊重。通过生动的地图展示和比例图分析，学生对民族分布有了直观的认识，这种视觉教学方法有效地提升了学习效率。历史故事的分享和视频资料的观看，不仅丰富了学生的历史知识，也增强了他们对民族交流与融合重要性的理解。此外，通过结对帮扶的实例分析，学生学会了如何在实际生活中尊重和理解不同民族的文化，这一点在学生的反馈中得到了积极的体现。

（二）存在的不足

尽管活动取得了一定的成果，但也存在一些可以改进的地方。例如，在活动实施过程中，部分学生对于某些历史故事的背景知识了解不足，导致讨论不够深入。此外，一些学生在表达对民族团结的祝福和希望时，缺乏个性化和创造性的表达，这表明在激发学生主动思考和创造性表达方面还有提升空间。

（三）改进措施

针对上述不足，未来的活动可以采取以下措施进行改进。

（1）加强背景知识教育。在分享历史故事前，教师可以提供更多的背景介绍，帮助学生更好地理解故事内容和深层含义。

（2）鼓励学生主动探索。鼓励学生在活动前自行收集相关资料，增加他们对活动的参与感和投入度。

（3）提供多样化的表达平台。为学生提供更多表达自己观点和情感的机会，如小组讨论、角色扮演、创意写作等。

（四）对未来民族融合教育的建议

（1）持续跟踪评估。建立长期的跟踪评估机制，定期收集学生对民族融合教育的反馈，及时调整教育策略。

（2）强化实践体验。增加更多让学生亲身体验和参与的活动，如民族节日庆祝活动、文化交流活动等，以增强教育的实效性。

（3）加强师资培训。对教师进行民族融合教育的专门培训，提升他们的教学能力和跨文化交际能力。

（4）家校社合作。与家长和社会机构合作，共同营造一个支持民族融合教育的环境。

通过这些措施，东郡小学的民族融合思政活动将更加完善，能够更好地促进学生的全面发展，为培养具有民族融合意识的新一代贡献力量。

我的校园我做主
——小学少代会思政教学活动

一、活动背景

少先队代表大会,简称少代会,是少先队大队或大队以上组织和机构召开,由队员代表为主体参加的会议,是同级队组织的最高权力机构,它有商讨、决定一个时期队内重大事务,选举产生队工作领导委员会的权利。为进一步规范学校少先队组织制度,引导和激励广大少先队员继承和发扬少先队的优良传统,培养少先队员的小主人意识和民主参与意识,增强光荣感和责任感,锤炼和提高少先队干部的工作能力,为少先队员们提供一个自主、快乐的学习生活环境,并通过少代会选举产生新一届大队委员,从而进一步规范学校少先队组织建设,提高学校少先队组织的整体素质,使少先队组织更具有活力。学校每年10月13日前后举办少代会,在提升学生小主人意识的同时提高学生多方面的综合素质。少代会是每一位小主人畅所欲言、为学校的少先队工作提出建议的最佳时刻。每年学校都会如期在校园中隆重举办少代会。每一次都成果显著。从学校校规征集到第一次毕业典礼、跳蚤市场活动,从校歌的诞生到民乐团的组建,从校园共享雨伞站到学校开放书吧、美术展览馆等场馆的建设等,孩子们一起为学校发展出谋划策,共同品尝"我的校园我做主"的快乐。

二、活动理念

聆听孩子的声音、尊重孩子的思考，让孩子站在校园中央大胆发声、与校长共同谋划学校发展。

三、活动目标

（1）让每一个孩子都牢记少先队员身份，在少先队阵地中、组织生活中找到归属感。

（2）让民主的种子在孩子心中生根发芽。

（3）让每一个孩子成为有爱心、懂合作、知责任、敢担当的新时代的优秀少年儿童。

四、活动内容

（1）制定实施方案，全校宣传。

（2）各中队民主选举产生少代会代表（5名）和大队干部候选人（2名）。

（3）少代会代表收集、整理少先队员的建议，在中队辅导员指导下形成提案。

（4）往届大队干部与辅导员选出优秀提案，交予校长，组织行政商议答复；德育部门组织对大队干部候选人的第一轮选拔。

（5）"10·13"建队日举行少代会。

少代会代表选举大队干部；校长公开答复少代会代表提案，公布优秀提案。

（6）少代会会议流程。

（7）提案落实。

（8）制定提案落实计划表及进度表，定期向代表汇报提案落实情况，接受代表监督。

五、活动过程

（一）活动筹备

（1）制定实施方案，全校宣传。

（2）中队民主产生少代会代表及代表工作职责。由小队商议，选出本队的代表；然后分小队汇报，中队民主投票产生少代会代表。少代会代表一般"一年一届"，主要职责是参加少代会，民主投票产生大队委委员，向学校提交提案，并参与提案的落实与监督。

（3）中队民主产生大队委及大队委竞选。大队委竞选者自愿报名并填写报名表，基本条件为品学兼优，乐意为学校发展和同学成长服务，且有同学及老师的联名推荐或有推荐信，再由中队辅导员审核，最后中队辅导员在中队组织竞选并民主投票产生班级大队委候选人。

学校组织初赛产生大队委候选人，然后通过少代会产生大队委委员。大队委竞选主要包含自由竞选（含才艺）、现场问答、团队合作能力展示、民主投票考核等环节。

（4）提案文化建设。学校大队部组织3~6年级队员学习如何撰写提案，然后发动队员们积极思考并提出建议交小队，小队收集个人建议，组织讨论，形成小队建议，小队在中队辅导员的组织下进行集中汇报，中队辅导员从小队遴选优秀建议，指导形成中队提案，最后将有价值的提案上交至学校等待回复。重要的提案由校长、书记或者行政部门在少代会上进行答复。

（二）少代会优秀代表选拔要求

（1）在班级成绩优异、品格高尚，学习积极主动，富有创新精神，能为班级出谋划策，能够代表班级为学校的发展提出问题和解决方案。

（2）参与少代会现场活动，能够公平公正地进行表决和投票，为全校队员选出最合适的大队委等。

（3）听取本班队员意见，积极为学校建言献策，积极撰写少代会提案，组织班级队员参与到学校的重大活动中，带领中队队员积极参与，积极提建议。

（三）大队委候选人及优秀代表选拔路径

1. 初选阶段

（1）各班利用班队劳动课或夕会时间，自行制定竞选办法进行班级竞选，积极撰写提案，每个班级提交少代会提案至少10份。1~2年级每班推选出5名优秀代表；3年级每班推选5名优秀代表、1名大队委候选人；4~5年级每班推选5名优秀代表、3名大队委候选人；6年级每班推选5名优秀代表、2名大队委候选人。

（2）所推选代表填写好相关表格。

2. 复选阶段

（1）自我介绍手抄报，提交大队部。

【要求】A3纸大小，有一张个人风采照，能够全面展示自己的成绩、特长、兴趣、爱好。

（2）2分钟以内的竞选表演及现场问答。

【要求】包含自我介绍，简述参加大队委竞选的理由和自身优势等，有才艺的可以展示。

（3）候选人及优秀代表手抄报展出，全校少先队员参观，了解候选人及优秀代表。

（4）各候选人投票及综合成绩评定，以及优秀提案的完善和评选。

3. 终选阶段（少代会活动现场）

（1）优秀代表向大会参与人员作优秀提案展示，并给优秀提案颁奖。

（2）候选大队委员参加演讲、答题、才艺展示等竞选活动，由全体参会人员投票决定最终大队干部，并当场授标和举行就职仪式。

（四）少代会现场活动流程

（1）出队旗。

（2）唱队歌。

（3）领导致开幕词。

（4）大队干部现场竞选（自由竞选包含才艺展示、现场问答、团队合作能力展示、民主投票考核）。

（5）校长公开答复少代会提案，答复代表现场提问。

（6）公布优秀提案。

（7）呼号。

（8）退旗。

（五）提案落实

（1）制定提案落实计划表及进度表。

（2）定期通过校园广播或香樟树校园电视台向全体队员汇报提案落实情况。

（3）接受代表监督。

六、活动反思

少代会活动首先是让每一个孩子在组织生活中找到主人翁的感觉，以"我的校园我做主"为口号，让民主的种子在孩子心中生根。其次，少代会在开展过程中，我们从全校学生提交的提案的数量来看，主要考查学生参与情况与关注面；从提案的质量来看，主要体现学生关注问题的广度与深度；从现场活动来看，主要反映教师、学生、家长三类群体参与活动情况；从提案落实来看，主要彰显少代会对学校发展的影响程度。

因此，少代会的召开，能让全校师生和学生家长都感受到红领巾事业的光荣与责任，也让他们成为这一伟大事业的参与者和践行者。星星火炬照初心，奋力逐梦向未来，党把培育祖国建设者和接班人的历史重任进行传承，要让少先队员高举队旗跟党走，切实增强少先队员的光荣感和使命感，让红色江山后继有人。用实际行动把此次会议的精神贯彻好、宣传好、落实好，持续聚焦少先队员政治启蒙和价值观塑造主责主业，以少年儿童喜闻乐见的形式开展思想引领工作，在他们心中种下热爱党、热爱祖国的红色种子，引导广大少先队员听党话、跟党走，从小学先锋，长大做先锋，用实际行动为实现中华民族伟大复兴贡献力量。

七、活动小结

少代会的举行增强了少先队员的光荣感和责任感，知荣明耻，深刻铭记自己是一名光荣的少先队员，继承和弘扬革命前辈的优秀传统，大力弘扬伟大的民族精神，争做21世纪的优秀少先队员和文明小使者。相信在今后的学习、工作中全体队员必定勤奋学习、快乐生活、全面发展，使自己成为道德高尚、充满活力的合格建设者和接班人。让我们高举队旗跟党走，为实现中华民族伟大复兴的中国梦而努力奋斗！光荣的少先队员们，必将争做新时代好少年，不辱使命，奋勇前进！

让宽容之花绽放
——"学会宽容"班队主题活动设计

一、活动背景

当下孩子多是家庭的中心,在这种环境的影响下,孩子们普遍存在着以自我为中心和利己主义的倾向,判断是非的标准也是对自己是不是有利,缺乏宽容之心、同情之心、尊重之心,有时行为过于偏激,不利于形成良好的同学关系,人际交往也会受到限制,在很大程度上会影响他们健全人格的形成和发展。其实,孩子们有着对于真诚友谊的向往,有着对良好人际的向往,有着对于互相理解的追求,有着对于美好人格和道德的追求。因此,本活动结合《道德与法治》六年级下册第二课"学会宽容"开展活动,旨在培养学生健康的心态和健全的人格。

二、活动目标

正确认识宽容,知道宽容的重要性,增强自身的宽容意识,并认识到宽容不是纵容,宽容也要有原则;在交流讨论的过程中,锻炼学生的语言表达能力,提高人际交往能力,提高辨别是非的能力、分析和解决问题的能力,并在学习生活中学会宽容他人;通过活动,弱化以自我为中心的认识,学会尊重他人,学习身边的榜样,从我做起,能够以宽容的心态与他人交往。

三、活动内容

1. 宽容之心我来测

通过具体的问题情境，让孩子通过吹气球的方式选择"是""否"，来更加直观地展现气量。初步理解"宽容"。

2. 宽容故事我来悟

通过观看情景剧，让孩子们理解宽容的品质在生活中的重要性。

3. 宽容情景我来演

通过学生表演相关的宽容小故事，倾听、思考宽容的作用并积极寻求消除矛盾冲突的良方，培养学生宽容的品质。

4. 宽容美德我来传

让同学们通过传递有道歉内容的纸条，面对面交流沟通，化解矛盾。

5. 宽容原则我来辨

通过相关视频的观看，加深对宽容的理解。

四、活动设计与实施

课前准备好气球、信箱等教具，排练情景剧《六尺巷》《不想和ta做同桌》《不能逾越的"三八线"》。

（一）宽容之心我来测

（1）小游戏1：测试你的"气量"有多大。

规则：如果你的答案是"是"，不需要吹气球；如果答案是"不是"，就吹一口气球。比一比，谁的气球大，谁的气量大。

①听到有人讲你坏话时，做不到一笑了之。

②和别人争吵后，常常越想越气。

③讨厌和沉默寡言的人做同桌。

④我愿意和以前发生过不愉快的同学合作。

⑤总觉得老师批评我是对我有成见。

⑥别人说话刺伤了你，一定会回敬对方几句。

⑦当我表现优秀却得不到别人赞赏时，我会大发雷霆。

⑧别人不自觉的过失，我总是无法原谅。

⑨有的人笨头笨脑，反应迟钝，真让人窝火。

⑩觉得"人不犯我，我不犯人，人若犯我，我必犯人"。

（2）小组交流：跟你的同桌说一说，遇到这些问题，你是怎么想的？

（3）根据自己的气球大小，说说自己是怎么想的。

追问：听了同学的想法，你有什么想说的？

自由发言，提出建议，帮助同学打开心结。

教师小结：通过同学们的分享，我知道了有的同学宽容度很高，他们能换位思考，善于理解别人，能积极乐观地面对各种问题；有的同学的包容心还不够，需要继续"修炼"。

（4）小游戏2：两只脚同时向前迈进一步，你能做到吗？

规则：①不许借助任何物体和外力。②必须是迈，不能跳。

（5）做此游戏时，用心体会，你发现了什么？小组讨论。学生畅所欲言。

（6）活动小结：这样你是无论如何也不会向前迈进一步的。两只脚如同两个人一样，如果谁也不谦让，那么谁都不能进步。互不相让的双脚会影响你前进的速度。如果是互不相让的两个人，谁都不能进步。

出示名言：互不相让的双脚，是不可能向前迈进一步的。——史祖习

（二）宽容故事我来悟

古人云："君子量不极，胸吞百川流。"可见宽容是一种修养，是一种品质。下面我们来看看这样的情景剧一：《六尺巷》。

（1）谈一谈是什么让两家人重归于好了？

（2）假如故事中两家人都不退让，故事会怎样？

（3）你在生活中有没有被别人宽容对待的时候？

（三）宽容情景我来演

1. 情景剧二：《不想和ta做同桌》

（1）情景展示（课堂检测时一位得A，另一位得C；上课老师提问回答不上来；作业写得慢导致小组名次得倒数，A直接向老师哭诉说不要和他做

同桌，C同学则伤心痛哭）。

（2）情景分析。

师：看了他们的表演，你有什么想说的？

师总结：刚刚同学们的表演很精彩，评价也很到位，与人相处时我们首先得尊重他人，能接纳他人的不足，并给予力所能及的帮助。成绩暂时落后的同学也不能自暴自弃，要努力上进，争取早日迎头赶上。

2. 请欣赏情景剧三：《不能逾越的"三八线"》

（1）情景展示（哑剧，先来的同学画好"三八线"，另一个同学来了发现后把书压在"三八线"上，写字时不小心过了界，听课时另一个同学也过了界线，结果两个人打了起来）。

（2）小结：我们同学中也发现有"三八线"，在学习生活中难免还是会有摩擦和矛盾，有时候还会发生争执，我们要大气大度，不为小事计较，（板书：大气大度不计较）只有这样，大家才能和谐相处，共同进步。

3. 播放视频《一团来历不明的废纸引发的血案》

场景一：小a的桌上有一团来历不明的废纸，他顺手扔给同桌小b，小b一看纸不是他的，又还给了小a。于是这里展开了一场传纸大战。

场景二：小c不小心踩了小d同学的脚，小d还没等小c说对不起，就笑着说：没关系。

请问：以上几位同学，你愿意与谁交朋友？为什么？

（板书：心态平和懂忍让）

师：愿意和什么样的人交往，就应该努力做什么样的人。

4. 联系班级谈一谈

（1）我们身边有这样的人吗？

（2）说一说你为什么能宽容对方，当时你有何感受？

小结：在日常学习生活中，我们常常会因为不小心或无意而发生不可避免的矛盾，如果我们都能像刚才同学们说的那样，用一个淡淡的微笑去化解，站在他人角度去换位思考，以积极健康的心态去化解这些小矛盾，相信你会是快乐的、幸福的。记得我们常说的一句话吗？比大海宽阔的是天空，比天空宽阔的是人的胸怀。这样你才会拥有更多的朋友，才会拥有一片更广阔的天地。

（四）宽容美德我来传

过渡语：同学们，你们有过小矛盾、小误会吗？如果有，你愿意先跟他（她）握手言和吗？请把要说的话写在纸条上，然后把纸条对折，在正面写上他（她）的姓名，再把纸条郑重地交给他（她），通过纸条在你们之间搭建起一座宽容的桥梁。（写道歉信）

（五）宽容原则我来辨

同学们，在现实生活中我们是否要对任何人、任何事都宽容呢？观看视频，引导学生学会辨别。宽容是讲艺术、有原则的；宽容不是不分场合的容忍，宽容不是纵容；宽容是一种坚强，而不是软弱。无原则的宽容是不可取的。

五、活动评价

（一）参与性评价

学生在课堂上能认真听讲、勤于思考、积极回答老师的提问；在小组合作中既能服从安排，主动参与，大胆建言献策，又能虚心接受别人的批评意见；在分享交流中能主动发表自己独到的见解，乐于助人。

（二）展示性评价

活动结束后，根据班级本次班队活动写感受，认真总结，并用实际行动向有小矛盾、小误会的同学寻求和解，用纸条构建起彼此宽容的桥梁。依据感受、纸条的参与度进行自评、互评，并进行积分累加。在期末"我是宽容友爱星"评比中，教师对于成果完成质量给予评分。

六、活动反思

本次活动让同学们更好地相互理解与协作，以轻松的游戏形式及精彩的课本剧演绎打开学生内心，拉近了同学们心灵的距离，也让每个小组的成员都有机会通过讲述自己亲身经历的方式来不断加深对宽容的理解，增加了趣味性和参与度。除了小组讨论和全班讨论，我们还可以尝试其他形式的活动。比如，可以邀请一些资深人士或心理专家来为同学们做讲座或分享，让他们的经验和观点对同学们产生积极的影响，也可以通过实地参观、社区服务等形式，将宽容的理念与实践更紧密地结合起来。

做弘扬优良家风的小主人

——"承家风，传家训"跨学科思政活动设计

一、活动背景

习近平总书记指出："广大家庭都要弘扬优良家风，以千千万万家庭的好家风支撑起全社会的好风气。"东郡小学以"成全"为文化核心，开发了五大"郡美课程"体系。在此基础上，借力学校三十余年的书法特色，将家风课程与善美思政、静美书法、阅读相结合，打造"承家风，传家训"主题课程。课程围绕"仁爱篇""善让篇""家国篇""忠孝篇""廉俭篇"五个方面开展主题活动。

在教育观察中，部分孩子在生活行为中易出现浪费等现象，没有珍惜劳动成果的自觉性。部分学生在当班干部的过程中会受到小礼物诱惑，没有公正地处理班级事务。因此，本次活动结合道德与法治五年级下册第三课《弘扬优秀家风》，围绕"廉俭篇"开展活动。

二、活动目标

讲述名人"廉洁/节俭"的家风故事，了解其家训的内涵和重要性；畅谈"廉洁/节俭"家风故事感悟，提炼书写家风金句，树立正确的价值观和人生观；从自己做起，从小事做起，增强责任意识，传扬廉俭家风，提升文学素养和道德修养。

三、活动准备

分小组围绕"廉俭"主题的家风故事，通过任务单，开展前置学习。一方面收集名人"廉俭"家风故事，另一方面探索自己家族的"廉俭"家风。

四、活动内容

面向全校各个学段，指向"孝悌忠信礼义廉耻"的核心内涵，通过传习家风故事、书写家训金句，引导广大郡园学子从家风故事中，汲取中华传统美德——"廉俭"的养分，树立文明新风尚。

五、活动设计与实施

（一）名人家风我会讲

1. 导入：家是最小国，国是千万家

家风的家，既是家庭的家，也是国家的家。在我们身边，有许多家风的优秀传承者，他们在投身国家建设的过程中积极践行家风。

2. 学习家风，传承榜样

（1）借助前置学习单，上台分享"廉俭"主题的名人家风故事。

预设：诸葛亮教子女俭以养德，死后家产不多留；司马光教子节俭淳朴；范仲淹戒奢侈浪费，行节俭家风；曾国藩教子莫犯"骄奢"二字；吉鸿昌不忘父训；左宗棠自俭过人……

（2）教师小结：优秀的家风传承者都是胸怀"国之大者"，他们自觉担职尽责，争当伟大理想的追梦人，争做伟大事业的生力军。

（二）名人家书我来诵

（1）诸葛亮家书《诫子书》："夫君子之行，静以修身，俭以养德，非淡泊无以明志，非宁静无以致远。"

（2）司马光："由俭入奢易，由奢入俭难。"

（3）曾国藩："家俭则兴，人勤则健；能勤能俭，永不贫贱。"

（4）吉鸿昌："做官不许发财。"

（三）我的感悟积极说

1. 说说自己的感悟

（1）自己对此家训的理解与感悟。

（2）可以用什么行动来践行"廉俭"家风？

（3）结合自己家相关的故事，思考"廉俭"家风给我们/家庭带来了什么积极影响？

2. 撰写传承行动指南

（1）家风不仅仅是家庭美德，更是公民道德。撰写家风传承行动指南。

学生学习《新时代公民道德建设实施纲要》，组内分享交流，写下自己选择的公民道德以及能展现这一道德品质的具体行动。

（2）教师小结：青年的命运，从来都同时代紧密相连，这份行动指南也是同学们成为时代新人的行动指南。当我们心怀公民道德，投身社会主义建设，便是对优良家风的最好诠释。

3. 开展立志宣誓仪式，全班共同宣誓，班长领誓

誓词：我是中华人民共和国公民，我爱党、爱国、爱人民，我以国为家，遵纪守法，践行社会主义核心价值观，立足新时代，做有理想、有本领、有担当的中国青年。初心不改、方得始终，我立志成为堪当民族复兴重任的时代新人！

4. 教师总结

同学们，传承优良家风始于认识家风、理解家风、认同家风，践行优良家风是成为时代新人的必由之路。家庭是温暖的港湾，家国是不变的情怀，让我们以"小家"为起点，以"大家"为追求，在壮丽的新征程上踔厉奋发、笃行不息！

【设计意图】展家风于行，始于家庭，终于国家。家风传承榜样，激发学生的家国情怀，唤醒学生担当民族复兴大任的使命感；传承行动指南，引导学生认识新时代公民道德的内涵，学会在践行公民道德的过程中传承国家的"家风"；宣誓仪式，增强学生的爱国情感，激发学生传承优良家风的信念感、投身祖国建设的使命感。

（四）家风金句我会书

（1）从家风故事或家书中提取总结性的关键词书写家训。

（2）老师进行笔法指导。

（五）廉俭家风我来传

以自己喜欢的方式，或创作文创作品，或和朋友、家人分享印象最深刻的家风故事，或演讲等，通过实际行动传扬优良家风。

六、活动评价

（一）过程性评价

这一过程主要是评价学生的学习能力、学习态度、参与活动的兴趣，主要从收集名人家风故事、清晰讲述家风故事、流畅诵读家风家训、畅谈家风故事感悟、书写家风家训金句、传承优良家风家训六个维度来自评和互评。

（二）展示性评价

（1）针对学生最终的"廉俭"主题文创作品，以教师打分和全班同学点评的方式进行考核，肯定同学的努力与进步。

（2）在展示角将制作优秀的文创作品展示出来，供大家参观学习。

（三）总结性评价

期末由班级到学校层层筛选，评选出"家风传承小达人"，与雏鹰争章活动紧密结合，颁发"传承章""立德章""立志章"。

七、活动反思

家风是社会进步的源泉，是民族精神的重要载体，我们需要传承和发扬中华传统文化的思想精髓。本次活动设计，将家风课程与书法、阅读、思政相结合，推动了家庭美德教育的建设，还赋予了少先队活动课以历史色彩和精神记忆。学生在活动中传习名人家风家训，汲取中华优秀传统文化，树立正确的价值观、人生观，并以此为准则践行生活，于点滴之中潜移默化地提升品德修养，增强责任意识，培植家国情怀。

让法治意识根植于心

——"正确认识广告"活动设计

一、活动背景

《中小学德育工作指南》明确指出:"积极建设校园绿色网络,开发网络德育资源……引导学生合理使用网络,避免沉溺网络游戏,远离有害信息,防止网络沉迷和伤害,提升网络素养,打造清朗的校园网络文化。"四年级的学生处于从中年级向高年级的过渡期,他们经过前三年课程的学习,对现代媒介的使用方法以及特点和作用有了初步认识,但是由于社会认知和经验有限,辨别力与自控力相对较弱,还没有足够的能力来正确认识、判断、筛选现代媒介带来的信息中的虚假或不良内容,他们对于不当使用现代媒介带来的不良后果,甚至需要承担的法律责任不甚了解。因此,在本次活动中,要引导学生从熟悉的生活话题和情境中展开讨论,引导他们规范、适度、高效、文明地使用媒体,提升媒介素养和信息素养。

二、活动目标

(一)道德修养核心素养

通过"七嘴八舌话广告""能说会道辩广告"等活动,带领学生走进生活中的广告,了解广告的功能,知道广告无处不在,具备识别广告的能力。

(二)责任意识核心素养

通过"我为义卖打广告""我是星城代言人"等活动帮助学生了解有关

广告的特点，学会为物品打广告，了解家乡，传承民族文化、地方文化，树立民族自豪感。

三、活动内容

（一）七嘴八舌话广告

从学生熟悉的生活情境导入，有利于唤醒学生记忆，激发学生兴趣。进而让学生了解广告的特点，了解《中华人民共和国广告法》。

（二）能说会道辨广告

通过"我们的生活中需不需要广告"来引起学生的思考和讨论，课堂上进行辩论，了解广告的功能，以学定教，确定教学的重难点。

（三）我为义卖打广告

结合导入设计"争夺年度销售总冠军"的活动，让学生在了解广告的特点和功能的基础上，自己设计广告，主动参与实践，加深对广告的理解。

（四）我是星城代言人

课后拓展，出示短片，让学生结合本课所学到的有关广告的知识，为自己的家乡打广告，加深文化认同感及自豪感。

四、活动设计与实施

（一）七嘴八舌话广告

（1）亲爱的小朋友们，一年一度的义卖活动开始了，本次活动将评选"年度最佳销售冠军"哦。瞧，这跳蚤市场上有图书、玩具、小金鱼等，商品琳琅满目，操场上有人大声叫卖，有人热情推销，还有人"买一送一"搞赠送活动，各大商铺间的竞争更是越来越激烈，想要把手中的闲置物品卖出去可不简单呢！同学们，你们有什么好办法？

（2）请同学分享课前收集的广告，说明是在哪里发现的。

总结：广告包罗万象，和我们的衣、食、住、行以及生活息息相关。

（3）这些广告都有什么特点？它们属于商业广告吗？那我们的校园里为什么没有商业广告呢？

（4）出示法律条文：《中华人民共和国广告法》第三十九条明确，不管是商业广告还是公益广告，只要我们细心发现和观察，到处都有广告呢！

（5）游戏闯关，明确广告形式多样。

小结：随着科技的发展，更多传播技术的支持，现在各种形式的广告真是无处不在、无所不包、无奇不有。

（二）能说会道辨广告

（1）面对广告，引发问题思考。这么多广告扑面而来，你有什么感受？我们的生活需不需要广告？平板出示选项。（A.需要　B.不需要）

（2）交流辨析过程，了解广告功能。

【观点一：生活需要广告】

（3）从消费者角度看广告。广告能帮助人们去筛选及购买产品；了解到最新的一些资讯，如新潮产品、工作信息等。

（4）从商家的角度看广告。这说明通过广告可以提高产品的知名度，让更多的人了解到这个产品。（板书：提高知名度）

【观点二：生活不需要广告】

有些广告确实会打扰我们的生活，过多的广告更会让人厌烦。

小结：在刚才的活动中，同学们各抒己见，能从自身、广大消费者、商家等各种角度去思考。正如大家所说，不仅消费者需要广告的消费指导，商家和厂家也需要广告。同时我们也不希望生活被广告打扰，这就需要我们全面、客观地看待广告，（板书：信息需要识别），充分利用广告的功能和价值，为我们的生活服务。

（三）我为义卖打广告

（1）出示情境，明确挑战任务。

①出示情境任务——我为义卖打广告。

同学们，爱心义卖即将开始，年度销售冠军争夺赛也拉开了帷幕。同学们带来了这么多物品，你想用什么样的方式把它推销出去呢？

②明确小组合作学习要求。

想一想、议一议广告创意形式，如绘画、诗歌、直播叫卖等。

画一画、写一写广告的内容和图案。

选一选、评一评"最佳广告语设计奖""最美广告画设计奖""最佳广告推销员"。

（2）交流展示，全班现场评价。

（3）集体展示创意广告。

小结：同学们刚刚竭尽全力设计广告，在这进一步的体验活动中，用自己的亲身经历感受到了广告带给我们的乐趣。用好广告不仅能给我们的生活带来便利，更能带给我们有创意的生活，广告具有不可替代的价值。

（四）我是星城代言人

长沙是一座美丽的星城，有着许多优美独特的风景，也有着许多美味可口的食物，吸引着众多外来游客。请你为星城代言，给你喜欢的星城食物设计一个有创意的广告，让外地游客对星城更加了解。

五、活动评价

（一）参与性评价

学生在课堂教学中能认真倾听、勤于思考、积极发言；在小组合作中能服从安排，积极参与，大胆发言，虚心听取他人的意见；在分享交流中能主动表达观点和想法，主动帮助他人。

（二）展示性评价

活动结束后，根据本次活动所学内容给家乡打广告，加深文化认同感及自豪感。依据广告词是否优美、广告绘图是否精美、是否体现城市的文化底蕴等进行自评、互评。优秀作品在班级展示墙进行展示。

六、活动反思

本次活动通过沉浸式小组合作学习自然达成广告无处不在、广告功能强大、广告形式多样、广告内容真实等认知。在完成任务的过程中，学生须综合运用各种素养解决生活问题，既培养了真实打广告的道德修养，不被广告牵着走的理性思维，也培养了爱家乡、传播家乡美的责任感。

我会唱《春天的故事》
——"百年追梦复兴中华"活动设计

一、活动背景

本课是统编版五年级下册第三单元《百年追梦 复兴中华》的最后一个主题"从'富起来'到'强起来'"的第一课时，板块内容为"改革创新谋发展"。对改革开放的背景和过程进行了介绍，记述了改革开放给中国带来的巨大变化，并分别展示了农业、工业、科技、文化、生活等领域的发展与变化，旨在让学生了解国家是如何富起来的，理解改革创新的重要意义。本课的授课对象是五年级小学生，学生大多没有经历过艰苦岁月，对于改革开放的重要影响与意义了解得不多、不全面，也不了解今天富足生活的历史渊源。根据皮亚杰的认知发展理论，五年级的孩子正处于具体运算阶段，这个阶段的孩子虽然能进行逻辑推理，但仍局限于具体事物，缺乏抽象性。所以本课通过情境的创设，调动学生的主观能动性，让学生由内而外，发自内心地爱党、爱国，树立愿意为建设社会主义现代化强国、实现中华民族伟大复兴而奋斗的理想信念。

二、设计理念

《义务教育道德与法治课程标准（2022年版）》指出，道德与法治课程要培养的学生核心素养包括政治认同、道德修养、法治观念、健全人格、责任意识等方面。道德与法治课程是一门实践性课程，强调学生在课程学习中的实践活动，其课程目标不是掌握这些知识内容，而是将它们与学生真实生活相融合，强调学以致用、知行合一，实现学科逻辑与生活逻辑相统一，借用真实情境的介入促进知识的情境化，以实现高阶思维的深度学习。可见，有效利用道德与法治课堂，让学生参与活动，从活动中感悟是十分必要的。

三、活动目标

正确认识改革开放，了解改革开放的历史，知道改革开放的重大意义、相关故事以及取得的辉煌成就；通过调查、访问等方式获取资料，了解改革开放给生活带来的改变；感知改革开放带来的变化，由此感受祖国的日益富强，激发学生的爱国情感。

四、活动设计与实施

（一）课前热身

结合教材第89页"活动园"设置调查表，提前布置学生对祖孙三代进行访问活动，填写好调查表并上交。

项 目	祖 辈	父 辈	自 己
我家的餐桌			
我家的住房			
出行的工具			
家用电器			
穿的衣服			

（1）交流学习单。

师：同学们，在学习课程之前老师布置大家进行了访问调查，今天我们一起针对大家的调查进行交流。

（2）课件出示典型学生的学习单。

（3）学生从学习单中谈发现。

师：从这几份学习单中，你有什么发现？（引导学生从衣、食、住、行四个方面来总结祖国日新月异的变化）

（4）师总结发言：从爷爷奶奶他们那一代到我们今天这一代，日子是越过越好，我们看到的这些变化的背后却有着一段段动人的故事。这些动人的故事汇聚在一起，有一个响亮的名字，那就是"改革创新"。社会的发展，生活水平的提高都离不开"改革创新"。今天这节课我们一起学习"改革创新谋发展"。

（5）板书课题：改革创新谋发展。

（6）播放党的十一届三中全会微课视频，初步了解改革开放。

①教师引导：中华人民共和国成立后，人民虽然已经当家做主人，但是经过多年的战乱，我们国家在经济上已经风雨飘摇多年。贫穷、饥饿是当时最大的敌人。怎样战胜贫穷与饥饿，我们国家的领导人想了很多办法。终于在1978年12月，中央领导作出了最重要的决定。

②读教材第86页，说一说党的十一届三中全会的召开，有什么样的历史意义。

师总结：改革开放以后，中国的农业、经济、科技、教育都发生了翻天覆地的变化。

设计意图：结合教材第89页的"活动园"，提前布置学生做好调查工作，调查完以后上交调查表，教师根据学生上交的调查表择优进行展示，学生从调查中发现不同年代的生活是不同的，由结果探究原因，从而引出"改革开放"和"改革创新"词语，拉近与学生的距离。

（二）放大镜

（1）师引：党的十一届三中全会的召开，标志着改革开放全面实施。实施改革开放以后，中国的工农业取得了辉煌的成就。请你仔细阅读第86页"活动园"的资料，说一说，改革开放后，中国的工农业都发生了哪些变化。

（2）学生自主阅读第86页材料，与同学交流发现。

（3）学生自由发表言论，师相机进行解说。

预设：

①袁隆平。课件出示中华人民共和国成立以后，中国人民吃不饱穿不暖的图片，再出示袁隆平的相关信息，列举其在杂交水稻培育上的重要成就以

及为国家作出的贡献。

②小岗村。播放小岗村进行农村改革的视频课，让学生认识小岗村改革开放前后的变化。

③中国工业的发展。课件出示相关的工业改变，引导学生联系生活实际来说一说。

（4）教师总结：改革开放给中国大地带来了春天，无数科学家们发挥创新精神，为建设富强的中国而努力奋斗。（板书：改革创新）

（5）自主阅读，激发思考。

①师引：改革创新不仅展现在工农业的逐渐强大上，还体现在哪些地方？请同学们自主阅读教材第87~88页，说一说。

②学生自主阅读，小组交流。

③汇报。引导学生找出"对外开放""科教兴国"，并相机板书。

（三）城市变变变

（1）师引：说起对外开放，今天老师带来了一首美妙的歌曲，你能听懂这首歌表达了什么吗？（逐渐播放《春天的故事》）

（2）播放歌曲《春天的故事》。引出歌词："1979年，那是一个春天，有一位老人在中国的南海边画了一个圈。"

（3）提出疑问：这位老人是谁？这个圈是什么地方？

认识领导人"邓小平"，"这个圈"是指深圳。

（4）自主阅读第87页文字和图片。课件出示深圳改革开放前后对比图：改革开放带给深圳的是什么？

（5）思考：为什么深圳要以拓荒牛为城市的标志？（学生自由发言）

（6）城市变变变：我们生活的城市长沙，改革开放前后也有着翻天覆地的变化，我们一起猜地名。（课件出示老长沙与新长沙的对比图，学生自主猜）

（7）师总结：其实不仅仅是深圳、长沙，整个中国在改革开放的春风吹拂中显现着日新月异的变化。这些都离不开一代代人的努力奋斗，正是因为这些人的奉献，中国经济发展才迈上了新的台阶，让中国能以全新的面貌走向世界。

(四)改革成就我知道

(1)师引:对外开放我们看到了城市的变化,科教兴国的实施也给中国带来了很多成就,你都知道哪些改革创新的辉煌成就?这些成就与我们有什么关系?结合第88页"活动园",小组讨论,共同完成学习单。

学习单	
成就	与我们的联系

(2)小组结合第88页"活动园",小组讨论完成。(鼓励学生找一找课外的知识点)

(3)小组汇报。

(4)教师总结:科技兴则国家兴,教育强则国家强。这些成就的后面是科技教育工作者的无私奉献,是一代代人的努力奋斗。

(五)总结课堂,升华情感

(1)为了中国富起来、强起来,作为新时代的我们,应该怎么做?

(2)师总结:只有不断改革创新,一个民族的凝聚力才能不断增强,一个国家的生机活力才能不断焕发。同学们,让我们树立远大理想,认真学习,努力奋斗,中国未来的发展靠你们!(板书画出大拇指图)

五、活动特色与评价

思政课是落实立德树人根本任务的关键课程,上好思政课,当好引路人是教师的重要任务。改革开放于学生而言,时代久远,理解其中的内涵有一定的难度。因此,在本课的教学中,教师紧扣教学目标,围绕教学内容一共设计了三个教学活动,采用情境式教学,通过改革开放的前后对比,引导学生关注身边的发展、变化，感受中国人民为实现民族复兴所付出的辛勤努力，进而感悟我们国家不仅已经富起来，而且已经向现代化强国迈进。

整个课程活动，教师注重学生的主体性。尤其是活动二"城市变变变"中，为了让学生深入了解深圳这座城市的变化，引领学生进行自主学习。从书本第87页的文字和图片信息中找一找：深圳在哪些方面发生了巨大的变化？学生通过体验、探究、分析、思考，能够自主发现深圳的人口变化、面貌焕新。从而得出，是一代又一代人的奋斗努力才让曾经的小渔村变成了大都市。再由深圳迁移到学生居住的长沙，从一张张老旧照片中感知城市的变迁，从而领悟中国人民富起来、强起来的过程，改革创新的实践推动着中国越来越富强。

六、活动反思

本节课重在引导学生了解改革开放以来，我国在各个领域取得的辉煌成就。学生看过资料后内心澎湃，深深地感受到了国家的强大，这强大背后是一系列政策的制定实施。本节课基本达到了预期的教学效果，也有不足之处，还是有个别学生不了解本节课的意义所在，在以后的教学设计中多站在这个年龄段的学生角度来设计教学内容，争取达到师生一致的满意度。习近平总书记指出："思政课的本质是讲道理，要注重方式方法，把道理讲深、讲透、讲活。"道德与法治课程作为立德树人的关键课程，要围绕核心素养来定位教学目标，既要关注学生成长的状态和水平，又要遵循学生的身心发展规律。开展思政活动，要以学定教，创设情境，并积极实践，这样才能激发学生学习的内驱力，涵养学生的核心素养，真正做到"立德树人"。

以中国精神铸就精神之基
——"精神的力量"主题教育活动

一、活动背景

在当今社会,精神力量对于个人和国家的发展具有举足轻重的意义。个人精神力量的强弱决定了其能否在逆境中坚守初心,实现自我超越;国家精神力量的强弱则决定了其在国际竞争中的地位和影响力。因此,从思政教育角度出发,加强精神力量培育,对于提升国民整体素质,增强国家凝聚力和竞争力具有重要意义。

二、设计理念

本次活动的核心理念是"精神的力量"。我们坚信,无论是个人还是国家,精神力量都是其发展的核心动力。精神力量能激发人的潜能,引导人走向成功。同样,对于一个国家来说,精神力量也是其凝聚人心、战胜困难、实现目标的关键。

三、活动目标

(1)精神觉醒与认同:通过活动,使个人深刻认识到精神力量在自我成长和生活中的重要性,从而激发其内在的精神觉醒,形成对精神力量的高度认同。

(2)精神品质的培养:通过一系列的教育和引导,培养个人积极向上的精神品质，如坚韧不拔、乐观向上、自强不息等，为其面对生活中的挑战和困难提供精神支持。

（3）精神动力的激发：活动旨在激发个人的内在动力，使其能够主动追求个人目标，不断挑战自我，实现自我价值。

（4）自我实现与成长：通过精神力量的引导，帮助个人实现自我潜能的发掘和成长，使其在精神层面上获得更高的成就感和满足感。

四、活动设计与实施

（一）走进中国精神

（1）某某同学坐得腰杆子直直的，真有精神。这组同学眼睛炯炯有神，意气风发。这一组同学精神抖擞。刚才老师所说的精神，是在夸你们什么？

（2）这个精神还有什么含义？人具有怎样的一种精神？

（3）出示《觉醒年代》视频，你们看到了什么？

（4）总结：这些共产党人为了我们的国家、为了我们的民族，甘愿抛头颅洒热血。

（5）出示女排视频，在刚刚这个短片当中，你们又看到了什么？

（6）是啊，这就是女排精神。习近平主席在接见女排代表时，高度赞扬了中国女排祖国至上、团结合作、顽强拼搏、永不言弃的精神。中国的精神，从古至今，一直延续到现在。让我们一起去了解一下：人无精神则不立，国无精神则不强。

（二）明晰当代中国精神

（1）那么当代的中国精神又是什么呢？请同学们打开课本的第46页。同学们边读边找出相关的内容。

（2）当代的中国精神是社会主义核心价值观，凝结着全党全国人民共同的目标、共同的梦想。它也是我们共同的价值观。就如同习近平总书记所指出的："如果一个社会没有共同理想，没有共同目标，没有共同价值观，整天乱哄哄的，那就什么事也办不成。"

（3）党的十七届六中全会指出："社会主义核心价值体系是兴国之魂，是社会主义先进文化的精髓,决定着中国特色社会主义发展方向。"那作为少年儿童的我们该如何践行社会主义核心价值观呢?

(三)践行当代中国精神

1. **记住要求——直挂云帆济沧海**

(1)出示24字社会主义核心价值观,你平时在哪里看到过这24字社会主义核心价值观呢?

(2)小组比赛记住社会主义核心价值观:抢答题、必答题。

2. **心有榜样——俯首甘为孺子牛**

(1)同学们,在生活中,有许许多多的人物,他们的事迹可以成为我们心中的榜样。课前,老师让同学们回去查找了资料,把你心中认为的榜样记录下来,记在你们的记录卡片上,现在拿出你们的资料,和同学一起讨论吧!

(2)学生交流分享。

(3)同学们,刚才我们听了这么多为了国家、为了民族、为了我们身边的人奉献自己的榜样的故事。你们有什么感受呢?

(4)是啊,我们每个人都以他们为榜样,作出自己的贡献,用自己的行动去践行社会主义核心价值观,那我们的祖国就会越来越昌盛。从刚刚同学们所说的榜样中,我们看到,有航天英雄,有奥运冠军,也有我们身边为人民服务的普通人。在他们身上,我们看到了无私奉献,看到了诚实守信,看到了为国献身的精神。这就是中国精神,让中国的当代精神立在我们心中。我们要牢牢记住要求,时刻以心中的榜样为目标,让这种中国精神扎根在我们心中、立在我们心中。

3. **从小做起——绝知此事要躬行**

(1)同学们,心中有榜样,行动有力量。我们今年要评选郡园美少年。在你们心中哪些同学符合最美少年的标准呢?我们来看一看,评价的标准有爱国爱校、尊师孝亲、友爱助人、爱岗敬业、遵纪明礼、勤劳守信等。哪些同学符合其中的一点,你就可以推荐他。

(2)同学们看,生活中点点滴滴的小事,做得好的都会让同学们铭记在心。刚刚他们所说的同学，不仅让我们大家记住了，还让其他班上的老师也记住了。

（3）现在你们手上都有一份评选的选票，这份选票，我们可以在课后的时候把它填写好。这六个方面你都可以推荐一名同学。在12月30日之前投在投票箱中。我们将在期末评奖的时候进行郡园美少年的颁奖。

4. 接受帮助——吾将上下而求索

（1）同学们，刚刚你们心中都树立了一位学习的榜样。那么每个同学在成长的过程中，都不可能是完美的。出示几个做得不好的例子，学生自由讨论交流。

（2）我们在平时的生活中，或多或少地会出现一些小毛病、一些小错误。当出现小错误时，我们就要乐于接受别人给我们提出来的建议，这样我们才能像小树一样茁壮成长，养小德以成大德。

（3）我们刚刚交流了这么多，知道了自己要如何从小事做起，在成长的过程当中，要乐于接受别人的帮助。那么，你们在以后的学习生活中如何做呢？有哪些地方是我们要做出改变的呢？请同学们写在我们的便利贴上。

（4）同学们，老师在你们的便利贴上，看到了你们所写的一件件小事。这一件件小事正是你们的好习惯养成途径。也只有这样，才能践行社会主义核心价值观。

（四）中国精神扎根心中

（1）让我们读一读社会主义核心价值观的童谣。

（2）社会主义核心价值观，承载着一个民族的精神，承载着一个国家的希望，中国精神就是中华民族的灵魂。我们要从身边的小事做起，用实际行动来践行社会主义核心价值观。

五、活动特色与效果

（一）活动特色

(1) 主题鲜明：明确以"精神力量"为主题，贯穿整个活动始终。

(2) 互动性强：设置互动环节，如问答、小组比赛、写心愿卡等，让学生能够亲身感受精神力量的魅力，并思考如何在自己的生活和学习中发挥精神力量。

（3）实践导向：鼓励学生将所学所感转化为实际行动，并在活动中分享交流。

（二）活动效果

（1）增强精神信念：通过活动，参与者能够深刻认识到精神力量对于个人成长和国家发展的重要性，从而增强自己的精神信念和奋斗动力。

（2）提升综合素质：活动不仅关注学生精神层面的提升，还注重培养学生的综合素质。

（3）形成良好氛围：活动营造了一种积极向上的氛围，让学生感受到精神力量的强大和美好，从而激发他们追求更高目标、创造更美好生活的热情。

六、活动反思

首先，我认为这次活动的主题选择非常成功。它紧扣当前社会和学生的实际需求，强调精神力量对于个人成长和国家发展的重要性。通过活动，学生不仅深入了解了精神力量的内涵和价值，还激发了自身的爱国情感和责任感。这为他们今后的学习和生活奠定了坚实的思想基础。

其次，活动形式的多样性和丰富性也是值得肯定的。多种形式的活动，让学生在不同的环节中深入感受和理解精神力量的重要性。同时，我们也注重活动的实践性，鼓励学生将所学所感转化为实际行动。这些活动不仅提高了学生的参与度和积极性，还让他们在实践中得到了锻炼和提升。

最后，我认为这次活动对学生的精神成长和爱国情怀的培养起到了积极的推动作用。通过参与活动，学生不仅提高了自己的精神力量，还加深了对国家和社会的认识。他们更加珍惜集体荣誉，关心国家大事，积极投身社会实践，这为他们今后的成长和发展奠定了坚实的基础。

第二篇 课程思政活动

中小学思政教育要贯彻新时代党对教育的新要求，坚持德育为先，确保"五育"并举，促进学生健康、全面发展。学校要在充分发挥道德与法治课主阵地作用的同时，深入挖掘非思政学科蕴含的思政资源，强化各学科的德育功能，将课程思政有机融入各类课程教学中，深入实施跨学科综合育人。

小学非思政学科要根据本学科特点，科学确定各学科的育人目标，充分挖掘思政教育内容和素材，提升学生的思想政治素养，引导学生坚定"四个自信"。课程思政就是要构建全员、全程、全课程育人格局，促进各类课程与思政课同向同行，形成课程育人的特色效果。

多元融合增强思政教育效果
——城乡民乐会思政活动设计

一、活动背景

学校以探索幸福教育来促进学生核心素养的全面发展，秉承"创高雅校园、塑博雅教师、育文雅学生、滋养和雅家长"的"尚雅"教育理念，学校的一切活动以"雅"为中心开展，着力打造雅文化。而民乐作为中华国韵，有着悠久的文化历史与内涵，学校以人人学习一门民族乐器为契机，以民乐为桥梁，于2014年开创民乐特色项目，创建尚雅民乐团，旨在培育学生的雅气质，加强学生的内在修养，使学生进一步了解和热爱中国的音乐文化，融思政于音乐教育之中，增强学生民族意识，传承中华民乐传统文化。

2021年8月，学校与溆浦县北斗溪学校之间开展爱心教育帮扶手拉手活动，指派民乐专职教师扎根溆浦县北斗溪学校，将学校的民族乐器教育活动带进乡村学校课堂，以开阔学生音乐视野，在传承中华优秀传统文化过程中培养学生的思想情感。以音乐为载体的跨区域思政教育活动为乡村学校带来了更多的发展机遇和资源，为乡村教育的振兴注入了新的活力。

二、活动目标

以音乐为载体开展跨区域思政教育活动，是中华优秀传统文化教育的重要内容，有利于开展家国情怀教育，大力传承和弘扬中华优秀传统文化，引导学生了解中华优秀传统文化的历史渊源、发展脉络、精神内涵，有利于增强文化自觉和文化自信。

本次活动以"喜迎党的二十大，同演新经典"为主题，开展城乡音乐教育活动，并将思政教育融入其中。具体目标为：探索城乡学校思政教育协同机制，打造城乡两地学生艺术思政的新模式；传承中华优秀传统文化，打造城乡艺术活动，为城乡青少年树立美好的精神标杆，形成城乡思政融合的创新实践；以活动为契机，提升了城乡教师思政教育、美育教育的使命感，进而形成城乡整体合力，促其影响深远，辐射广阔。

三、活动内容

学校与溆浦县北斗溪学校之间开展爱心教育帮扶手拉手活动，打造跨区域的思政教育融合模式，为乡村学校带来更多的发展机遇和资源，也为乡村教育的振兴注入了新的活力，于是策划和开启民乐音乐会来进行思政教学活动。民乐会按年代呈现古诗词，从诗经中的《风》《雅》开始，重点突出唐诗宋词，以亲情、友情、自然之情、励志之情、家国之情贯穿始终。整场民乐会既是古诗词的文化盛宴，又是城乡思政教育的有力体现。

四、活动过程

溆浦县北斗溪学校是一所寄宿制的乡村学校，大部分学生是留守儿童。在师资力量不足、艺术课程开设不充足的情况下，学生的美育体验是不足的。学校民乐团有多年的民乐特色演出经验，有能力为手拉手学校提供帮助。学校专职民乐教师在北斗溪学校成立了一支合唱团，经过一个学期的训练，合唱团已经具备合唱表演的基础，但受地域条件限制，学生还没登上过大舞台进行表演。本场音乐会的举行，既展示了两校古诗词音乐文化传承活动的成果，又能让乡村的留守儿童登上省音乐厅的舞台，展示自我，筑梦成长。

学校在朱金秀校长带领下，策划、组织美育帮扶、思政教育工作，促进城乡共同发展。两年多来，学校广泛开展"爱心义卖""捐赠葫芦丝""艺术点亮梦想"等活动，为溆浦县北斗溪学校募捐口风琴、葫芦丝、演出服、乐谱夹等艺术学习用品多达数百件；组织策划城乡手拉手、艺术交流活动，将民族乐器如二胡、竹笛、中阮及拇指琴、空灵鼓等带进溆浦县北斗溪学校的课堂。

【音乐会内容】

"古风新韵"专场音乐会节目单

序一《九章·橘颂》

后皇嘉树，橘徕服兮。受命不迁，生南国兮。深固难徙，更壹志兮。

1.《秦风·蒹葭》

蒹葭苍苍，白露为霜。所谓伊人，在水一方。溯洄从之，道阻且长。溯游从之，宛在水中央。

蒹葭萋萋，白露未晞。所谓伊人，在水之湄。溯洄从之，道阻且跻。溯游从之，宛在水中坻。

蒹葭采采，白露未已。所谓伊人，在水之涘。溯洄从之，道阻且右。溯游从之，宛在水中沚。

2.《小雅·鹿鸣》

呦呦鹿鸣，食野之苹。我有嘉宾，鼓瑟吹笙。吹笙鼓簧，承筐是将。人之好我，示我周行。

呦呦鹿鸣，食野之蒿。我有嘉宾，德音孔昭。视民不恌，君子是则是效。我有旨酒，嘉宾式燕以敖。

呦呦鹿鸣，食野之芩。我有嘉宾，鼓瑟鼓琴。鼓瑟鼓琴，和乐且湛。我有旨酒，以燕乐嘉宾之心。

3.《江南》

江南可采莲，莲叶何田田。鱼戏莲叶间，鱼戏莲叶东，鱼戏莲叶西，鱼戏莲叶南，鱼戏莲叶北。

4.《敕勒歌》

敕勒川，阴山下。天似穹庐，笼盖四野。天苍苍，野茫茫，风吹草低见牛羊。

5.《春夜喜雨》

好雨知时节，当春乃发生。随风潜入夜，润物细无声。野径云俱黑，江船火独明。晓看红湿处，花重锦官城。

6.《山亭夏日》

绿树阴浓夏日长，楼台倒影入池塘。水晶帘动微风起，满架蔷薇一院香。

7.《山行》

远上寒山石径斜，白云生处有人家。停车坐爱枫林晚，霜叶红于二月花。

8.《江雪》

千山鸟飞绝，万径人踪灭。孤舟蓑笠翁，独钓寒江雪。

9.《游子吟》

慈母手中线，游子身上衣。临行密密缝，意恐迟迟归。谁言寸草心，报得三春晖。

10.《出塞》

秦时明月汉时关，万里长征人未还。但使龙城飞将在，不教胡马度阴山。

11.《满江红》

怒发冲冠，凭栏处、潇潇雨歇。抬望眼、仰天长啸，壮怀激烈。三十功名尘与土，八千里路云和月。莫等闲、白了少年头，空悲切。

靖康耻，犹未雪。臣子恨，何时灭。驾长车，踏破贺兰山缺。壮志饥餐胡虏肉，笑谈渴饮匈奴血。待从头、收拾旧山河，朝天阙。

12.《墨梅》

吾家洗砚池头树，朵朵花开淡墨痕。不要人夸好颜色，只留清气满乾坤。

13.《石灰吟》

千锤万凿出深山，烈火焚烧若等闲。粉骨碎身浑不怕，要留清白在人间。

14.《竹石》

咬定青山不放松，立根原在破岩中。千磨万击还坚劲，任尔东西南北风。

15.《离骚》节选

驷玉虬以桀鹥兮，溘埃风余上征。
朝发轫于苍梧兮，夕余至乎县圃。
欲少留此灵琐兮，日忽忽其将暮。
吾令羲和弭节兮，望崦嵫而勿迫。
路漫漫其修远兮，吾将上下而求索。

五、活动效果与影响

学校和怀化市溆浦县北斗溪学校两年来手拉手思政教育帮扶案例，让城市的优质资源向农村地区延伸，让更多的农村学生受益于优质教育，更促进了城乡美育的均衡发展。无论是长沙学生去溆浦，还是溆浦学生来长沙，都在加大城乡文化的交流和融合，激发了学生的爱心及社会责任感，在他们心中种下了传承和弘扬中华优秀传统文化的种子。

这次城乡艺术手拉手思政活动得到了湖南省文化馆、湖南省湘剧院、长沙市芙蓉区教育局和怀化市溆浦县教育局、湖南大学艺术团、长沙师范学院、湖湘民族乐团的大力支持和指导；同时得到了学习强国、光明网、人民网、中国音乐教育、新湖南、湖南教育、红网、芙蓉教育等多家媒体30余次报道。

六、活动反思

（一）打破教育壁垒，加强城乡两地学生的思政教育和舞台实践能力的结合

在教育帮扶的前提下，乡村学校的学生在合唱、舞蹈、乐器等多种艺术领域取得了显著进步。我们打破区域局限、思维局限，有机整合思政教育资源和活动，不断提升思政教育效果。这些年来，学校策划并开展了"爱心义卖""捐赠葫芦丝""艺术点亮梦想"等一系列活动，邀请学生、家庭、社会、公益团体等参与前期活动组织，筹集活动资金，为圆乡村孩童艺术梦而

努力。除此之外，城乡少年还在湖南省音乐厅、长沙师范学院等多地举办的音乐会上相继亮相，共享音乐的快乐。例如，2022年6月"喜迎党的二十大，同演新经典"大型民族音乐会活动展示，2023年5月长溆两地学生参与长沙师范学院晚会的演出，2023年5月长溆两地学生在湖南教育电视台参与《我是接班人》的合唱录制，2023年6月长溆两地学生在湖南省音乐厅举行了"音育乐享"民族音乐会，2023年7月长沙学生赴溆浦花瑶和溆浦学生开展手拉手艺术采风活动。

（二）协同育人，形成合力，开创城乡思政融合的创新实践

（1）跨界合作。学校不再局限于音乐教育，还积极寻求与其他领域的跨界合作。例如，与当地的非遗传承人合作，让学生在学习民族乐器的同时，了解和传承当地的非物质文化遗产。这种合作不仅丰富了学生的学习内容，也让他们更深刻地理解了自己的文化根源。

（2）社区参与。学校不仅在学校里开展音乐教育，还积极参与到当地社区的音乐活动中，组织家长和学生一起参加音乐采风活动，通过音乐活动增进亲子关系，同时让更多的人了解和支持学校的音乐教育。

（3）院校合作。学校是湖湘民族乐团青少年人才基地、湖南省民族管弦乐青少年学习基地、中国民族管弦乐学会民乐考级湖南省考点，学校紧密联系专业乐团，多方合作，扩大帮扶力量。

（4）"大中小"联盟。通过与长沙师范学院、湖南第一师范学院以及多所中学合作共建，探索"大中小"联盟背景下的共研共教范式，形成可以区域推广的经验，以加大对美育帮扶、思政教育的传承、宣传及推广。

（三）提升城乡教师思政教育、美育教育的使命感，形成城乡思政教育的整体合力

老师的无私奉献和对教育深沉的热爱和不懈的探索，为乡村的学生打开了一扇通往更广阔世界的窗口。在他们的努力下，音乐不再仅仅是课堂上的一门课程，而是学生生活中的一部分，是他们精神世界的滋养。他们的努力让教育的力量在于点燃希望、激发潜能、培养品质，让每一个生命都能在成长的过程中感受到快乐和成就。他们的行动也激励着每一个教育工作者，要

有勇气去探索、去创新，让教育的光芒照亮更多学生的人生道路。让城乡携手共进，让音乐和艺术的力量在更多的乡村学校中绽放，让学生用他们的歌声和琴声，为这个世界带来更多的美好和希望。民乐会的开展影响着更多的教育工作者和社会公众对乡村教育的认识和态度，更激励着更多的人关注乡村教育的发展和振兴，也为全社会树立了教育工作者应有的责任和担当意识。

传承和弘扬中华优秀传统文化是每一位中国人的职责和使命，而民族音乐是无界的，它能跨越地域、民族和文化差异，让人们在共享的旋律中找到共鸣。我们要以民族音乐为契机，点亮乡村孩童艺术梦这种民乐音乐会活动的形式，构建城乡少年的思政教育、美育教育，以达到城乡教育共生、共赢的局面，也以活动形式告知教育工作者，只要有爱、有智慧、有坚持，就能在教育的田野上书写出最美的篇章，让每一个学生都能享受到思政教育的美好力量。

做责任担当的追"锋"少年
——语文融合思政教育活动设计

一、活动背景

崇尚英雄才会产生英雄,争做英雄才能英雄辈出。党的十八大以来,习近平总书记高度重视英雄模范的宣传和表彰,在不同场合发表重要论述,讲述英雄模范的感人故事,阐述英雄模范的精神实质,号召全社会都要崇尚英雄、捍卫英雄、学习英雄、关爱英雄。为响应号召,东郡小学牵手郴州汝城文明瑶族乡第一片小学,共同开展"播红色火种,树时代新人"的大思政活动,我们确定了"追'锋'少年,致敬英雄"作为六年级的一次语文大思政教育活动的主题,让同学们通过讲革命英雄的故事来追忆英雄人物的光辉事迹,使学生受到爱国主义教育,领悟今日幸福生活来之不易。《小英雄雨来》是小学语文四年级曾经学过的一篇经典节选课文,而整本书则是六年级"快乐读书吧"的必读书目,比课文中的英雄形象更丰满、更立体。孩子们感受雨来的勇敢、机智,再拓展身边的榜样英雄,寻找"真偶像",能有效引导学生树立正确的英雄观,倡导学生铭记英雄、学习英雄。

二、活动目标

通过梳理全书的故事情节,分析雨来的人物形象,引导学生提炼英雄品质。在分享交流中,引导学生树立正确的英雄观,倡导学生铭记英雄、学习英雄,强化爱国主义情怀,增强民族自信和肩负国家未来发展的责任感。

三、活动设计与实施

本活动通过阅读交流整本书《小英雄雨来》，感受雨来人物形象，提炼英雄品质；通过完成调查问卷，阐述自己的"偶像观"，发现当今社会的英雄、身边的英雄，树立自己正确的英雄观，将语文与大思政课进行跨学科融合，以孩子们听得懂的方式进行思政教育。

（一）完成问卷：阐述英雄观点

通过问卷调查"我的偶像"，学生选择适合的人物作为自己心中的偶像，阐述自己对偶像和英雄的看法。教师通过智慧手段收集学生偶像的相关数据，明晰学生的偶像观和英雄观。

（二）阅读检测，厘清英雄故事

这段时间，我们围绕"学习英雄"这个主题，阅读了一些书籍，观看了红色电影，还进行了讲英雄故事、排演课本剧等活动。今天这节课，我们就一起来聊聊我们读过的管桦的红色经典小说——《小英雄雨来》。

在前期的阅读中，我们尝试了用情节地图梳理七个故事的内容，大家完成得非常好（PPT展示学生的情节地图），如果我们再进一步将七个故事的主要内容浓缩到这个情节梯中，大家会怎么概括呢？对照板书的情节梯，一起完善：护同志—埋地雷—去参军—拖特务—救伤员—送鸡毛信—投入战斗—成为游击队员。

小结：大家概括得很准确！在读小说的时候，我们可以利用情节地图、情节梯等不同形式的思维导图，概括和梳理小说的主要内容，让我们对整本书的内容有总体上的把握。

（三）交流人物，提炼英雄品质

从情节梯中我们不难发现，小小少年雨来，通过一次次历练终于实现了自己当游击队员的理想，成长为一名抗日小英雄，真是令人佩服。下面，让我们聚焦雨来这个人物。

PPT出示问题和小组合作要求。小组交流：雨来是一个（　　　）的孩子。

要求：（1）用一个关键词概括，并结合书中的情节或课前完成的人物卡谈一谈理由。

（2）小组内轮流发言，并选出一位发言代表进行全班交流。小组代表发言，教师相机梳理雨来的品质：勇敢、机智、团结、宁死不屈、热爱祖国。（请学生把关键词写到黑板上）

小结：同学们都谈得很好，《小英雄雨来》这本书为我们塑造了一位可亲又可敬的小英雄形象，相信同学们都很喜欢他！难怪老师刚才在班里做"我的偶像"问卷调查时，班上有48%的同学都把雨来认定为自己的偶像了。

过渡：想知道同学们的偶像还有哪些吗？老师先卖个关子，一会儿我再揭晓。在我收到的52份问卷中，有一位同学关于偶像和英雄的描述是这样的：

我没有偶像，我不要学英雄，因为英雄都会死。

同学们，你们认同他的观点吗？

（四）拓展延伸，树立英雄观

小组交流，完成学习单：

你们小组认同这位同学的观点吗？

A.认同　　B.不认同　　C.意见不一致

请用简洁的语言写出你们的理由，组内意见不一致可以分别写。

小锦囊：陈述理由时用条列式更清晰，还可以用上第五单元学习的"用具体事例说明观点"的方法哦！

小组汇报，相机点拨：

针对"英雄都会死"这一点（PPT图文）：从1840年鸦片战争爆发到1949年中华人民共和国成立的一百年间，中国经历了一段充满灾难、落后挨打的历史，在这战火纷飞的岁月中，一大批爱国志士以生命为代价换来了我们今天的幸福生活，他们的英雄事迹值得我们铭记（PPT革命英雄）。在和平年代，仍然有用生命维护国家安全、社会安定、人民安全的英雄人物（PPT卫国戍边英雄、抗震救灾英雄）。例如，在中印边境冲突中牺牲的戍边卫士，在汶川地震中为挽救人民生命财产安全而献出生命的人们，在火灾中牺牲的消防救援人员等。的确，很多英雄献出了自己的生命，换来了更多人的幸福生活。但是，在和平年代，还有这样的英雄（PPT外交天团、抗疫英雄）：他们用自己的智慧、知识、才干维护了国家尊严,保护了人民的生命安全,他们是新时代的英雄。

针对"我不要学英雄"这一点,在同学们的问卷中,有这样一段话打动了我:

我心中的英雄不需要穿着红披风,也不需要有什么特殊的超能力,我心中的英雄就是那些说起来普通而又不普通的平凡人。我心中的英雄是袁隆平。每当我遇到困难想要放弃的时候,我就会想想袁隆平爷爷遇到的那些困难,我的困难与袁爷爷在研究杂交水稻过程中的种种困难相比,简直不值一提,可袁爷爷坚持下来了,最后才有了杂交水稻的成功。每每想到这里,我就会咬紧牙关,继续坚持下去。

正如这位同学写的那样,我们不是每个人都要成为英雄,但英雄的品质和精神却可以在我们遇到困难的时候激励我们、鼓舞我们。今天我们读了《小英雄雨来》,我们不可能像雨来那样去战斗,但是雨来的这些品质是不是能让我们有一些启示呢?

中华民族是崇尚英雄、成就英雄、英雄辈出的民族,不同的时代赋予了中国人不同的使命,但每一个时代都不能缺少英雄!(回到板书上的品质,引导学生读)我们从雨来身上读到的这些英雄的品质,值得我们学习、铭记,这正是中华民族的精神脊梁!

现在,老师要揭晓谜底了,同学们心中的偶像还有哪些呢?(PPT出示比例图)

78%袁隆平

48%雨来

28%其他英雄(黄继光 钟南山 毛泽东 刘胡兰 雷锋 詹天佑 邱少云 吴孟超)

46%明星(科比 易烊千玺 王一博等)

各有一人写道:妈妈、共产党人、所有革命烈士。

小结:我们喜欢具有青春活力的、时尚靓丽的、有各种才能的明星们,也崇拜为国家、社会、人民做出无私贡献的英雄们,而且越来越多的同学把英雄当成了自己的偶像。有一位同学在问卷中写道:

英雄是指某人为了保护某些人而作出了重大的牺牲；偶像是指你羡慕某人身上的某种特点。你可以说英雄是偶像，但不能说偶像是英雄。我是以敬重的态度来看待英雄的，以羡慕的方式去看待偶像的。

结语：看来，喜欢明星偶像，并不影响我们向英雄学习，而且当我们读过更多像《小英雄雨来》这样的红色经典小说，了解过更多关于国家、民族、社会的历史的时候，你一定会深深地记住这些英雄人物。也希望同学们从日常的点滴做起，向英雄学习，在长长的人生道路中，让这些品质（回到板书，指读），让这些英雄的品质真正激励你们走好人生的每一步，做自己人生的英雄（板书：做自己的英雄），争取为我们的祖国、为世界的和平美好奉献自己的力量。

四、活动特色与效果

（一）搭建支架识英雄

我们已经不能只站在一个知识传授者的角度来进行传道授业解惑，毕竟大量的知识，孩子们完全可以通过发达的网络进行搜索了解。例如，致敬英雄人物，学习英雄品质，学生能快速了解和剖析人物，但是这些人物的精神品质离孩子们太久远，如何入心，如何真实感受，则需要在文本、活动和学生之间搭建支架，让孩子真实感受、真实了解、真正学习。

（二）语文与思政相结合，全方位育人

通过语文整本书阅读活动整合思政课教育活动，做跨学科思政教育，能整合资源，全方位育人。教育本身是一个整体，通过资源整合，能让教育无痕发生，潜移默化中进行思想的熏陶、价值观的树立。《小英雄雨来》是部编版六年级"快乐读书吧"要求必读的书目，落实了课标中要求的阅读反映革命传统的故事，与大思政相结合，能更好地入脑入心。

（三）从学生本位出发，尊重学生个性感受

思政教育又称思想教育，一味说教和灌输不仅达不到育人效果，还会引起学生的反感。因此，通过调查问卷，了解学生心中的偶像，从学生自我的感受出发，剖析他们的偶像观和英雄观，能更好地引起共鸣，引发思考，达到更深层次的育人目的。

五、活动反思

通过调查问卷，借用故事，分析人物，将思想和品质教育融入阅读故事当中。我们把小英雄雨来这个人物只做了简单的剖析，因为这是四年级语文课堂中已经完成的，孩子们了解雨来的人物形象，但是人物是小说，且来自久远的战争年代，怎样从雨来的身上寻找当代青少年的矛盾点、学习点、冲突点，与他们发生真实的生活联结，我做了以下活动设计，取得了良好的育人效果。

（一）通过问卷，引起探讨"英雄"的兴趣

当代青少年的偶像是十分多元化的，可能是英雄人物、体育明星，也可能是社会巨大贡献者，或者娱乐明星，通过对这些人物的了解能够帮助教师顺利推进课堂教学，同时从学生本身出发，启发学生思考，引起他们的探讨兴趣。此外，问卷中我设置了两个问题，引导学生进行思考和辩论：第一，因为英雄都会死。第二，我没有偶像，我不要学英雄。这两个问题既来源于学生的真实想法，也具有可思辨性，能成功帮助学生感知英雄人物的可贵。

（二）通过剖析人物，感知"英雄"品质

真正要让学生理解英雄，并且学习到适应时代特点的英雄品质，典型英雄人物的选取十分重要。小英雄雨来是小学语文四年级学过的课文，学生对人物的精神品质有了前瞻性的了解，同时，雨来身上的勇敢无畏、聪明机智的英雄特点十分鲜明，能帮助学生更好地辨析什么样的人可以称得上英雄。

（三）充分了解英雄的"精神学习"意义重大

这个其实考虑的是一个真实的现状，学生生活在和平年代，对于雨来式的自我牺牲精神理解得不够透彻，高大的人物形象其实离孩子还是比较远的。所以，拓展戍边英雄、抗疫英雄、袁隆平、身边英雄式的普通人就能更好地帮助学生真实感受英雄的精神与品质的可贵之处，学习他们的必要性和重要性。

当然，活动育人只是手段，思政育人更只是一种方式，真正的育人还需在"全员、全方位、全过程"——"三全育人"的理念下，有机融合，统一作用，整合更多的资源和方式方法，培养有理想、有本领、有担当的时代新人，追"锋"少年。

播种优秀传统文化种子
——主题阅读融合思政教育活动设计

一、活动背景

随着新课程改革速度的不断加快，小学思政教育也受到了大众的重视与关注，思政教育不仅可以促使学生行为更加规范，还能帮助学生养成良好的学习习惯、生活习惯，提高学生的思想道德水平。就小学生而言，从课程学习中了解中华传统文化显得尤为重要。《中小学德育工作指南》中明确指出，小学中高年段的学生要了解中华优秀传统文化。以课程育人的途径，将语文课程与传统文化紧密结合，潜移默化地对学生进行世界观、人生观、价值观的引导。在五年级的语文课程中，教材将中国民间故事进行了单元编排，其目的也在于让学生了解中国的传统文化。因此，要在语文教材的基础上，引导学生阅读《中国民间故事》，并进行整体交流，激发学生探索中华传统文化的兴趣。

二、活动目标

通过讲故事，完成学习单和思维导图，了解中国民间故事的内容与特点。通过分享民间故事的表现形式，让学生在实践中感受民间故事的魅力，了解中国优秀传统文化内涵的深远。拓展讲述湖南的民间故事，激发学生阅读更多民间故事的兴趣，引导学生传承发展中华优秀传统文化。

三、活动设计与实施

（一）读故事，寻特点

（1）阅读全书，以"你喜欢哪个故事"的学习单为基础，梳理故事的基本信息，从故事内容探讨民间故事的第一个特点——惩恶扬善。

例1：《金雀和树仙》的故事：刘春田孝顺善良，最终获得了树仙赠送的能吐银子的泥人，生活越来越好。而自私贪婪的王玉峰最后受到树仙的惩罚，被马蜂追着咬，疼得直打滚，一直到天亮。

例2：《灯花》故事：主人公都林一开始很勤劳上进，勤劳的百合姑娘出现了，愿意和他一起生活。可是，后来都林贪图享受，不思进取，百合姑娘劝说无用，只能离开，都林没有在意，等把所有财物都败光后，他决定痛改前非。灯花再次出现和他一起生活。

在学生交流的基础上，总结出：民间故事里勤劳的人会过上好的生活，自私贪婪的人最终都会遭受惩罚，这是古时候的人们朴素而美好的愿望。

（2）借助"人物面面观"卡片，分享中国民间故事里不同人物的性格和品质，揭秘《中国民间故事》的第二个特点——优秀品质，感受人们在传播故事时，喜欢传播这些具有美好品质的人物，表达对故事人物的喜欢。

（3）成立学习小组，分享最喜欢的故事情节，通过"故事剧场"还原故事情节。了解《中国民间故事》第三个特点——一波三折。

师生共同探讨问题：书中许多主人公是历经千辛万苦才取得成功的，就像《田螺姑娘》中的勒若最终取回了壮锦，过上了幸福的生活。但是勒若的幸福和成功并非轻而易举，而是经历了重重困难。为什么老百姓在创作故事时，要给勒若设置这些困难和冒险，进而得出一波三折的故事情节来吸引读者？

（4）借助故事《一幅壮锦》情节表格，思考问题：大儿子和二儿子听了老奶奶的一番话后，他们是怎么想的、怎么做的？为什么会有这样反复的情节？得出第四个特点——口耳相传。反复的情节会加深听众的印象，方便讲给其他的人听。

（5）对比阅读故事片段，了解民间故事语言的独特性——口语化。口语化的表达符合老百姓的表达习惯。

（二）讲故事，悟情感

（1）创设情境：我是故事传承人。讲演故事，深化美好。

探讨核心问题：怎样把故事讲得生动、有吸引力？

（2）生成学习小组，将自己喜欢的故事改编成课本剧，在班级内部进行表演。

（3）学生表演完后谈一谈自己的感受。

（4）在查找资料的基础上，探讨除《中国民间故事》这本书之外的民间故事，如湖南民间故事《湘妃竹》《白沙井》《化龙池》等。

（5）老师讲述《刘海砍樵》的故事：《刘海砍樵》是湖南著名花鼓戏，讲述了孝子刘海与狐仙胡秀英之间的爱情故事，赞扬了勤劳、孝顺、勇敢等美德。

（三）赏故事，传精神

（1）欣赏花鼓戏《刘海砍樵》片段，学生谈一谈感受。

（2）民间故事不仅以花鼓戏呈现，还有更多的表现形式。学生分小组展示自己找到的民间故事形式，发表自己的见解与感受。例如，《梁祝》小提琴曲，《白娘子》戏曲、电视剧、京剧、剪纸等。

（3）民间故事与传统文化。

中国民间故事作为中华五千年历史文化长河中一颗璀璨的明珠，具有鲜明的民族文化特色，在中国的文学史上具有独特意义，还有着丰富的育人价值。每一个民间故事，字里行间都洋溢着古代劳动人民的智慧和想象力，他们借助各种情节弘扬真善美，宛若汩汩清泉流入世人的心田，滋润着大家的精神世界。作为新一代的我们，有义务也有责任让这颗中华传统文化的明珠继续发光发亮。

四、活动特色与效果

（一）关于选题

党的二十大报告对教育进行了重大部署，其中将中华优秀传统文化融入教育，尤其是小学思政课被视为关键任务。中华优秀传统文化承载着中华民族的历史智慧和精神价值，在课程教学中，教师要肩负这一使命，让中华优秀传统文化代代相传。部编版语文教材五年级上册第三单元就对中国民间故事进行了编排，其中单元导语中"民间故事，口耳相传的经典，老百姓智慧的结晶"这句话是对民间故事特点和价值的精练概括。基于语文课程教学，如何让学生更多地了解民间故事，传承和发扬民间故事，在这个问题的基础上，引领学生阅读《中国民间故事》，并进行主题阅读思政活动，其主要目标就是让孩子们真正感受到民间故事是口耳相传的经典，是老百姓智慧的结晶。

（二）关于活动过程的设计

活动过程主要分为三大板块，内容丰富，环环相扣。

首先，以民间故事的特点大揭秘来开启教学活动，通过学习单、人物面面观卡、思维导图、故事情节再现等方式，引导学生有效地重温故事的主要内容，发现民间故事的基本特点。

其次，从讲故事的方法上进行指导。学生不仅可以学会创造性复述，增强语言的表达能力，还可以与小组成员进行分角色表演，体验民间故事的神奇。进一步体会民间故事口耳相传、代代相传的特点。除此之外，由书内走向书外，以身为湖南人，了解湖南的民间故事为目标，让学生化身为"传讲人"的身份，讲一讲湖南本土的民间故事，更加拉近了民间故事与学生之间的距离。不仅学生讲，老师也讲，充满传承意义。

最后，以"赏故事、传精神"为主题，拉开民间故事更多呈现方式的帷幕，不仅有湖南人熟知的花鼓戏，还有国粹京剧、演奏会、电视剧、剪纸等更多的艺术表现形式。在这个活动中，学生以小组的方式进行介绍并分享自己的感悟，明确用不同的方式弘扬与传承民间故事。

（三）关于活动过程的实施

1.显学生本位，明故事特点

建构主义理论认为，学生在接受新知识的过程中，只有将自己定位于更加开放、积极的主体性地位，才能实现有意义的学习。教学中，教师要回归学生本位，帮助学生统筹联系新旧知识，强化认知构建。基于这样的思考，结合学生的阅读经历，通过学习单、思维导图、人物面面观卡、故事情节再现等学习方式引导学生自主发现民间故事的特点，充分展现学生的主体性。

2. 创任务驱动，添"讲故事"动力

教师要成为"学习设计者"，以真实的驱动性任务，激活学生思维，引导学生经历有意义的实践活动，并生成真实的学习成果。在第二个活动中，以"我是故事传承人"这一任务激发学生讲故事的兴趣，明晰学习讲好民间故事的价值所在。课堂上，学生在经历两次讲自己喜欢的民间故事的活动中，逐渐达成"把故事讲精彩，让身边更多的人喜爱听民间故事"的目标。并切换镜头，讲讲湖南本土民间故事，从另一角度激发了学生讲故事的兴趣和欲望。

3. 拓多元渠道，促传统文化发扬

中国民间故事口口相传、代代相承，有着独特的叙事方式，也有多种艺术表达形式。在第三个活动中，学生以学习小组的形式进行项目式学习，查询民间故事的不同艺术表现形式，组内交流自己的学习感受，全班汇报形成民间故事艺术之美论坛活动，丰富学生的审美体验。

五、活动反思

中国民间故事是劳动人民在生活中创作并以口耳相传的方式流传的叙事性文学作品。它蕴含着中华民族的聪明才智、人生态度和价值追求，是民族文化、民族精神的基因体系，也是小学生学习、领悟中华优秀传统文化的宝贵素材。

本堂课注重教学环节板块设计，但是没有走实走深；小组合作学习只注重了放手让学生交流，而老师对学生的引导提升不够，评价学生的方式太单一，激励学生的思维不够好。因此，在活动中，教师要努力将知识学习与弘扬传统文化有效融合，从而达到育人目标。还要采用多样化教学模式提高传统文化与思政教育的结合力度，引导学生形成正确的价值观，使学生的人文精神得到丰富，传承和发扬我国传统文化，厚植爱国主义、集体主义情怀，有效筑牢中华民族伟大复兴的中国梦。

感受古代神话的魅力
——主题阅读融合思政教育活动设计

一、活动背景

中华传统文化是民族的瑰宝，其不仅融汇了丰富的哲学、道德和美学价值，还展示了民族的智慧与精神目标，反映了文化的历史与认同。中国神话故事是中华民族精神文明的璀璨明珠，是人们对神秘未知世界的探索，也是人们丰富而美好的想象力的体现，寄托着中华民族向往美好生活的精神诉求。部编版小学语文教材中，共编排六篇中国神话故事，并把《中国古代神话传说》列为四年级学生的必读书目，其目的在于让学生感受中国神话故事的魅力，传承和弘扬神话故事传递出来的真、善、美。

二、活动目标

通过寻找神话的神奇之处，感受神话的奇思妙趣。通过梳理人物关系，了解神话体系的相关特点。通过分享生活中的神话元素，领略神话的无穷魅力。激发学生阅读更多神话的兴趣，领略中华经典文化的魅力，提升民族自信。

三、活动设计与实施

（一）知识抢答赛

（1）阅读全书，总结阅读过程以及阅读成果展示，推出"知识抢答赛"

活动，明确活动规则。

（2）展示图片，提出问题。

①这是谁？（共工）

②这是谁，发生了什么？用两到三句话概括。

③出示学生阅读作品，根据文字的提示猜地方。

（3）总结抢答赛活动，肯定学生的阅读成效。

（二）神话有意思

（1）回顾《中国古代神话传说》全书，提出地名——弱水，学生讲述弱水的神奇之处。

（2）学生展示自己的阅读作品，全班分享《中国古代神话传说》中的神奇之处。

例1：我认为这里面的人物的来历很神奇。附宝在野外遇到了闪电，怀孕二十五个月生下了黄帝。华胥在野外踩到了雷神留下来的脚印就怀孕了，生下了伏羲。庆都在野外散步，有条神龙缠绕在她的身上，生下了尧帝。握登被彩虹吸引，怀孕了，生下了舜帝。有莘氏吃了颗珍珠，生下了大禹。

例2：我认为里面的动物很神奇，肉吃完了，又会长一块，永远都不会消失。

相机引导：肉吃完一块又会长出来，这个动物好有趣哦。有了它，这里的人永远不用花钱买肉吃，多幸福啊！

例3：我认为里面的植物很神奇。沙棠树果人吃了它就能够漂洋过海，遇水不溺。穷桑一万年才结一次果，人吃了可以长生不老。爱情草谁吃了它的果实，就惹人喜爱。青要山的果实谁吃了它，就会立刻变得美丽。

（3）在学生交流的基础上，总结出：神话特别有意思，让人觉得不可思议，再次感受到了神话的神奇。

（三）神话有体系

（1）回顾阅读方法：画人物关系图可以把人物关系理得更清楚。再次明确画人物关系图的要求。

①突出中心人物。

②从上往下写。

③长辈写在上面，同辈在同一水平线上，晚辈写在下面。

④标好关系。

（2）成立学习小组，学生展示自己画的人物关系图，小组交流，明确要求。

①每人轮流介绍自己的关系图，其他成员认真听，参考评价表给发言的同学打星：从突出中心人物、人物关系，正确标出人物关系，人物关系是否完整几个方面进行评价。

②指出交流中存在的问题，小组成员进行修改。

（3）小组汇报，分享人物关系图。明确汇报要求：声音响亮，有序表达；台下的同学认真倾听，对照星级评价表，想想你能给他（她）几颗星？假如你画的是同一个中心人物，可以边听边完善自己的关系图，也可以补充。

（4）学生评价，给发言的同学几颗星，并说说理由。

（5）学生进行整本书的人物关系图汇报。

（6）基于学生关于神话人物关系图的汇报交流进行总结：神话里面的人物虽然多，但并不是独立存在的，他们有着千丝万缕的联系，是有体系的。

（四）生活中的神话元素

（1）联结生活，说一说生活中的神话人物。聚焦教师：今年暑假我慕名去了湖南的南岳衡山，爬上了祝融峰，猜猜这个地方是纪念谁的？原来古老的神话与我们的生活还有着密切联系呢，你们有这样的发现吗？

（2）课前活动准备：学生自由组合成一个小组，完成老师布置的其中一项任务。

①收集与神话有关的成语。

②收集与神话有关的古诗。

③收集与神话有关的习俗。

④收集与神话有关的发明。

⑤神话有关的地方和纪念活动。形式不一：可以用PPT，也可以朗诵。

（3）小组人员分别上台汇报。

（4）与学生交流，进行总结：除了成语、古诗、风俗等与神话故事有联系外，有些发明也与神话故事有着极深的渊源，甚至还有很多与神话有关的活动都传承下来了。比如，黄帝陵每年都会举行盛大的活动，就在2020年，我们湖南株洲炎帝陵就举行了盛大的活动，我们一起来看看吧！（播放视频）

（5）思考问题：这些神话人物距离我们已经很遥远了，为什么至今还举行盛大的活动纪念他们，请你们结合神话人物所做的事情或创造的发明来谈。

例1：盘古为了天和地不合在一起，顶天立地一万八千年，死后身化万物。炎帝为了治病救人，每天试吃各种植物，一天内中毒多达七十几次。

例2：天神羿为了让人们过上安稳的生活，射掉九个太阳，被天帝责罚贬到人间。

（6）基于学生交流，小结：正是因为这些神话人物创造了人类、保护了人类，甚至为了人类过上更好的生活牺牲了自己的生命，所以后人感谢他们、崇拜他们、纪念他们。

（7）神话故事与传统文化。中国神话故事是中华民族对美好生活的向往和集体智慧的结晶，承载着中华民族共同的文化记忆。这些个性鲜明的神话人物从大气磅礴的场景中走来，传递着远古先民对真善美、智慧、勇气与力量的崇尚，更诉说着中华民族生生不息的奋斗精神。这些人物形象到现在仍在熠熠生辉，我们需要去认识他们、了解他们、弘扬他们，这是我们的责任与使命。

四、活动特色与实施

（一）关于选题

在确定此次思政教学活动之前，结合语文教学一直在思考：神话是原始先民集体创作的文学作品，我们一直都在探寻先民为什么要创作这些神话？读完书之后，会发现中国神话中的神奇，会发现神话中那些超自然的力量、非凡的人物，以及人们对美好生活的向往。因此，以活动的方式拉近传统文学作品与学生之间的距离，培养学生的阅读兴趣，让学生浸润在经典文化中，真切地感受神话故事带给人的精神引领，成为一个向善、向美，心怀美好的人，这是活动的初衷。

（二）关于活动设计

《中国古代神话传说》主题阅读思政教学活动一共设计了四项活动内容。首先设计"知识抢答赛"活动，目的在于激发学生的学习兴趣。第二个活动以交流的形式进行，学生通过阅读成果的呈现，回顾全书内容，把自己印象最深的神话故事与全班同学进行交流，感受"神话有意思"。第三个活动聚焦神话人物，以阅读成果"人物关系图"为引，梳理全书的神话故事人物，感受"神话有体系"。第四个活动，引领学生从书内走向书外，寻找生活中的神话元素。提升学生的学习能力，让学生明确自己的使命与责任——传承和发扬传统文化。

（三）关于活动实施

（1）巧建支架，了解神话。通过"知识抢答赛"的形式，引导学生回顾书中故事，拉近与文本的距离。通过阅读成果展览、人物关系图等引导学生回顾全书内容，进而发现神话不仅有意思，而且有体系。通过故事再现，感受奇幻多姿的神话传说，展现了中国的悠久历史和古老智慧。

（2）小组合作，深入探讨。通过小组合作，学生自主讨论最感兴趣的神话故事、神话人物，并整合集体的智慧，共同探索生活中的神话元素。这些活动的开展，激发了学生阅读神话、探究神话的兴趣。在多样化的活动中，学生以小组展开活动，去阅读、思考、编辑、绘画、制作等。一次次的活动，一次次神话故事神奇的感受，心灵获得快乐的同时，思维能力、表达能力、阅读能力都得到了不同程度的发展。

（3）融合思政，联结生活。联结生活，让静止的阅读变成有趣的、易理解的儿童活动。神话传说本就是先民集体创作的作品，因此，在五千年的文化长河中处处有着神话的痕迹。成语、古诗、风俗、祭祀、庙宇等源远流长，影响着一代又一代的人，甚至激励着人们把美好的愿望变成现实。学生分小组完成不同的任务，再进行汇报。全方面地了解了神话与生活息息相关，在交流感受时，学生明白了其实神话故事早已渗透到了生活中，神话故事里的真、善、美早已被人们传承、记录了下来。身为新一代的我们，也有这样的义务去传承、发扬。

五、活动反思

在此次阅读主题思政教学活动中，同学们通过不同方式"走进神话，亲近经典"。神话就像一座座神秘的宝库，等待大家去探索。在这里，同学们遇见了勇敢的英雄、美丽的仙子、邪恶的怪兽，以及守护万物的神灵。这些生动的角色和奇妙的故事，在讲述人类文明的发展与传承的同时，激发着我们的好奇心和想象力。

虽然学生对文字领悟有了进步，但是对文字的朗读比较欠缺，对中华传统文化的了解也较为欠缺。中国文字不仅结构优美，而且文字的背后都在传递着情感、力量和温度。我们讲神话故事就是要通过朗读去感受文字的魅力，在以后的教学活动中要多加强朗读的指导，多开展朗诵比赛、讲故事比赛等活动，让学生真正走进神话，亲近经典，探索历史和文化的本质，从中汲取智慧和力量，传承和发展中国经典的优秀文化。

在创编韵律操中致敬英雄
——"英雄"主题韵律操创编教学活动设计

一、活动背景

以建党 100 周年活动为契机,引导学生知英雄、敬英雄、学英雄,树立正确的价值观和英雄观。围绕"今天,我们如何学英雄"大主题教学活动,在《小英雄雨来》整本书阅读、课本剧创编、英雄主题绘画课程的基础上,开展以英雄主题韵律操的创编为核心教学内容、以创编一套适合在全校推广的英雄主题韵律操为任务的跨学科思政教学活动。

二、活动目标

通过韵律操的形式增强学生对英雄人物的认识与敬仰,表达对英雄的敬意。提升学生的创造力和协作能力,鼓励学生参与集体创作和表演。强化学生的身体协调性和节奏感,促进学生的身心健康。增进师生之间的互动与沟通,营造积极向上的课堂氛围。

三、活动准备

(1)教室布置:足够学生活动的场地,音乐播放设备。
(2)教具准备:英雄图片或视频资料,韵律操基本步伐示范视频。
(3)学生准备:着运动服装,提前了解一些英雄故事。
(4)教学内容准备:春晚武术音乐《盛世雄风》的解读,背景音乐《盛世雄风》剪辑；文天祥《正气歌》的解读，在音乐伴奏下有节奏地诵读《正气歌》，并在录音棚录制音频。

四、活动内容

（1）英雄概念引入与讨论，英雄事迹分享与感悟。

（2）基础知识学习：韵律操创编的原则及注意事项。

（3）分组编排英雄主题韵律操：动作素材的收集与整理。

（4）成果展示与评价：展示与推广。

五、活动设计与实施

（一）导入

教师简短介绍英雄的概念，并播放几位不同领域的英雄图片或视频。

提问学生："你们心目中的英雄是谁？为什么？"引导学生进行简单的讨论，激发学生对英雄主题的兴趣。

（二）知识讲解

（1）教师介绍韵律操的起源、特点及其对身体健康的好处。

（2）播放韵律操的基本动作示范视频，并介绍韵律操创编的基本原则。

（3）学生跟随视频一起练习，教师巡视指导。

（三）分组创编

（1）将学生分成若干小组，每组选择一个《正气歌》选段进行创编。

（2）每组成员共同讨论并创编一套表现其英雄特征的韵律操动作。

（3）教师走访各组，提供指导和帮助，促进学生之间的交流与合作。

（四）成果展示

（1）每组轮流前来展示自己创编的韵律操。

（2）其他学生和教师作为观众，营造支持性环境。

（3）展示结束后，教师点评每组的表现，肯定创意和努力。

（五）活动评价

（1）采用自评、互评和师评相结合的方式，对学生的学习过程和最终成果进行全面评价。

（2）鼓励学生反思自己的学习体验，提出改进意见。

（3）教师总结全班的表现，强调团队协作的重要性，并对优秀的小组进行表扬。

（4）布置作业：让学生回家后与家人分享今天学到的英雄故事及韵律操动作。

（5）鼓励学生在日常生活中继续关注英雄事迹，培养正面价值观。

六、活动实施反思

在实施英雄主题韵律操创编活动后，需要进行反思和总结，以便更好地改进和完善未来的活动。以下是一些改进和反思。

（一）确定目标

在开始活动之前，确保明确活动的目标，如提高孩子们的团队协作能力、培养孩子们对英雄的敬仰之情等。这将有助于指导活动的实施和评估。

（二）选择合适的音乐

音乐是韵律操的灵魂，选择一个适合英雄主题的音乐至关重要，学生在雄壮的音乐中感受气势磅礴、民族自信，结合韵律操，让学生感受英雄的力量。可以尝试选择具有激励性和力量感的音乐，以激发孩子们的热情。

（三）编排动作

在编排动作时，要注重创意性和趣味性，同时要考虑到孩子们的年龄和能力。可以参考一些英雄的形象和特点，让体育与大思政融合，培养学生的正确英雄观。让思政教育在潜移默化中完成，在无痕中完成，设计出富有表现力的动作。

（四）分组合作

将孩子们分成小组，让他们一起创编韵律操，充分尊重学生的主体地位，在引导学生不断学习的基础上，保持他们的学习热情和独特个性。同时，这将有助于培养孩子们的团队协作能力和沟通能力。

（五）教师示范

在活动开始时，教师可以先进行示范，让孩子们了解韵律操的基本动作和节奏。在活动过程中，教师要给予孩子们足够的关注和指导，帮助他们克服困难。

（六）反馈与评价

在活动结束后，可以让孩子们分享他们的感受和体验，以及在活动中遇到的困难。教师可以根据孩子们的反馈，对活动进行评价和总结，找出需要改进的地方。

（七）延伸活动

为了让孩子们更深入地了解英雄，可以在韵律操活动之外，组织一些与英雄相关的活动，如观看英雄电影、阅读英雄故事等。

（八）家长参与

鼓励家长参与到活动中来，与孩子们一起学习和表演韵律操，做到全员育人、全社会育人，将育人工作与家校社联系起来。这将有助于增进家长与孩子的互动。

本次活动设计旨在通过韵律操这一活泼有趣的形式，结合英雄主题，不仅锻炼了学生的身体，还共同探讨了学习英雄的精神，同时提升了班级的凝聚力和学生之间的合作能力。

做坚毅果敢的时代少年
——小学英文绘本阅读大思政教育活动设计

一、活动背景

在当前的教育背景下,思政教育正变得越来越重要。思政教育强调培养学生的社会主义核心价值观,包括爱国主义、集体主义、社会主义等;同时也注重培养学生的个人品质,如坚韧不拔、积极进取等。六年级下册正好有篇课文是学习海伦·凯勒的励志故事,她的故事完美契合了这些教育目标,她的生活经历和取得的成就是对这些价值观的最佳诠释。

除了课文,我们还找了相关的绘本 Three Days To See、Annie and Helen,设计相关思政教学活动帮助学生更容易理解和感受海伦·凯勒的生活和精神。通过这些活动,孩子们不仅能了解到一个伟大人物的故事,还能从中学习到面对困难时的勇气和坚持,培养对生活的热爱和对未来的憧憬,这些都是他们成长过程中不可或缺的品质。

二、活动理念

海伦·凯勒绘本思政教学活动旨在通过吸引学生注意力的绘本形式,传达正面的价值观和品质教育,同时提高学生的文学素养和人文素养。绘本作为一种图文并茂的教学媒介,其中的图画和文字可以帮助学生更加直观地感受到海伦·凯勒的坚韧不拔和乐观向上的精神,从而激发学生的积极情感和行为,体现思政教育的意义。

三、活动目标

让学生通过绘本了解海伦·凯勒的生平故事，理解她在面对重大困难和挑战时所展现出的坚韧不拔和积极向上的精神。通过海伦·凯勒的故事，向学生传达积极的人生态度和价值观，如乐观、坚持、自强不息等，培养学生的思想品德。通过了解海伦·凯勒的经历，让学生学会感恩生活中的帮助，培养对他人的同情心和愿意帮助他人的社会责任感。鼓励学生将海伦·凯勒的精神应用到实际生活中，通过参与社会实践活动，如志愿服务等，实现个人价值，提升社会责任感。

四、活动内容

本活动以海伦·凯勒的绘本故事为教学内容，绘本中详细描绘了海伦·凯勒的生平和她如何克服视听障碍的困难，展示了她与导师安妮·莎莉文的深厚师生情谊，以及她如何成为一名优秀的作家和社会活动家的过程。教师设计一系列活动，引导学生思考和探索绘本故事背后的思政意义。

五、活动设计与实施

（一）准备阶段

精选绘本：选择适合学生年龄阶段的海伦·凯勒英文故事绘本 *Three Days To See*、*Annie and Helen*。

教学设计：制订详细的教学计划，包括活动目标、时间安排、分组协作等。

材料准备：准备绘本阅读所需的教材及其他辅助教学工具，如多媒体设备、画板等。

预习指导：提前向学生介绍海伦·凯勒的背景知识，为活动做好铺垫。

（二）启动阶段

开场介绍：简要介绍海伦·凯勒的生平和她的成就，激发学生的兴趣。

绘本阅读：由教师领读或学生分角色朗读绘本，确保所有学生都能跟上节奏。

观看视频：观看一些关于海伦·凯勒的真人视频或电影视频。

（三）活动阶段

小组讨论：学生分组讨论海伦·凯勒的故事及其所蕴含的道德和价值观。

角色扮演：通过角色扮演活动，让学生更深入地体验故事情节和人物情感。

情感体验：如模拟视障体验，增强学生的同理心和社会责任感。

艺术创作：鼓励学生通过绘画小报、思维导图等形式表达对海伦·凯勒故事的理解。

（四）应用阶段

写作活动：安排学生撰写感想、日记或故事续写，锻炼英文表达和写作能力。

社会实践：鼓励学生课后参与有关视障人士的公益活动，实践服务社会的行为。

（五）反馈阶段

分享总结：让学生分享自己在活动中的收获和感受，进行互评和自评。

教师点评：教师对学生的表现进行点评，强调海伦·凯勒精神的现实意义。

（六）评价阶段

学生评价：通过学生的作品、表现和反馈来评价学生的学习效果。

教学评价：对整个教学活动进行反思，评估教学活动设计的合理性和有效性。

六、活动效果与特色

海伦·凯勒绘本思政教学活动是一种富有创意和教育意义的教学方法，它将传统的思政教育与绘本教学相结合，通过海伦·凯勒这位历史人物的故事来激发学生的情感和思考。

通过海伦·凯勒的故事，向学生传达了坚韧不拔、积极面对困难的人生态度，以及追求知识和贡献社会的价值观。通过朗读、讲故事、角色扮演、图片视频展示等多种教学手段，增强了学生的学习兴趣和参与感。同时，开展讨论、思考和创作活动，鼓励学生表达自己的见解和情感。学生不仅了解了海伦·凯勒的生活和精神，也在情感上受到了触动，学会了如何面对生活中的困难和挑战。此外，学生的阅读能力、理解能力和同理心也得到了提升。

七、活动反思

在进行海伦·凯勒绘本思政教学活动之后，我进行了以下几点思考。

（一）教学目标的达成

对于国外的名人，尤其是离学生的时代比较久远的精神人物，现时代的学生是否能真正理解海伦·凯勒的生活故事以及她所展现的坚强和乐观精神。老师的意愿是希望能够通过绘本中的故事，让学生领悟到克服困难、积极向上的思政教育内容，而实际上学生吸收和内心接纳了多少，并没有制作一个问卷调查表来体现。

（二）教学方法的有效性

老师所采用的教学方法是否吸引了学生的兴趣，是否有效地促进了学生的思考和讨论，学生的思考是停留在表面，还是进行了深度思考？老师只是读绘本并简要介绍海伦·凯勒的生平和她的成就，考虑是否有更合适的教学方式来呈现绘本内容，以及如何调整教学策略以适应不同学生的学习需求，激发学生内心的学习兴趣驱动力。

（三）学生参与程度

学生在活动中的参与程度，即是否每个学生都有机会表达自己的想法和感受。思考如何提高学生的参与度，例如，通过圆桌会议、采访名人等互动环节，让学生更加有欲望表达自己的观点。

（四）情感与价值观教育

绘本故事是否成功触动了学生的情感，是否有助于培养学生的同情心和社会责任感。考虑如何加强情感教育和价值观的灌输，使学生能够将故事中的精神内化为自己的品质。

（五）教学资源的使用

在教学中使用的绘本和其他辅助材料是否恰当，是否能够充分利用这些资源来提高教学效果？考虑是否需要引入更多多样化的教学材料来丰富教学内容。

（六）教学后续活动

考虑教学活动之后是否能有效地跟进活动，如家庭作业、进一步的阅读或社会实践等，要让学生将所学内化为自己的精神品质，以丰富自己的内心，外化为行动服务于社会。

总之，海伦·凯勒绘本思政教学活动是一种有效的教育手段，它不仅传授了知识，还培养了学生的品德和情感，为学生的全面发展奠定了坚实的基础。通过这种活动，学生能够更好地理解社会和生活，成长为更有责任感和同情心的人。

学会像科学家一样思考
——"西红柿成长变形记"科学融合思政课堂教学活动设计

一、活动背景

在新时代的教育方针指导下,将思政教育与科学教育相结合,旨在培养学生的科学素养和社会主义核心价值观。本次活动以西红柿的种植和观察为载体,融入思政元素,鼓励学生像科学家一样思考,通过实践活动培养科学探究精神、团队合作能力和社会责任感。本次教学活动强调科学方法与思政教育的结合,让学生在实践中学习知识、提升能力、塑造品格。

科学家精神的求真态度和方式,有助于引导中小学生在学习科学知识和领悟科学本质的过程中,理解和认同科学精神的价值,坚定自身对科学的执着追求,并在潜移默化的学习中养成科学精神。

二、活动目标

通过学习西红柿的有关知识,了解其生长周期和生长条件。体验科学的探究活动,领会科学家的一些科学研究方式与方法,初步培养学生的科学探究能力,包括观察、记录、实验设计和数据分析能力。学会整理自己的观察与记录,在学习过程中,培养主动参与、积极展示、乐于探究的良好科学态度。增强学生的社会责任感和团队合作精神,树立正确的科学价值观。

三、活动内容

本课围绕"传承科学家精神"主题，开展践行科学家精神的育人实践活动。聆听科学家的故事，体会科学家的精神。课前通过收集资料、参观场馆、听科学家的故事，感受科学家的精神信念，从榜样中汲取力量，体悟科学家坚持不懈的精神。探索实践，践行科学家精神。学生分组负责种植西红柿，开展种植活动，进行科学的观察与记录。课堂思维引领，培养学生的科学家精神。通过课堂教学，让学生体会科学家的思考方式，引领他们树立正确的理想信念，弘扬、传承科学家精神。

四、活动设计与实施

（一）活动准备

探究性实践：通过观察植物生长，记录植物生长。通过查找资料、阅读文本，进行资料收集与整理。

社会性实践：通过收集资料、参观场馆、听科学家的故事，感受科学家的精神信念；在前期学习过程中，强调团队意识和合作意识，进行小组分工和实践；完成西红柿生长的观察日记；若干西红柿绘画作品；西红柿生长图谱。

（二）活动流程

本课有针对性地开展以"西红柿成长变形记"为主题的四年级单元学习设计。学习分以下两个主题。

主题一：观察比较，发现问题。为学生布置前置作业，问学生有什么发现、想研究什么问题、怎样去研究，让学生把他们的想法记录下来。

主题二：学习探究，解决问题。在小组合作交流中分享发现的问题和解决问题的过程，不仅让学生对于西红柿成长过程中的问题有了更深的认识，也培养了学生科学探究的态度和情感，为以后的种植探究打下基础。

同学们，我们前段时间收集了科学家的资料，也聆听了科学家的一些故事。你们了解科学家是怎样开展科学研究的吗？谁能来说一说？

师小结：是的，科学家从不断的观察中，发现问题、确定要研究的问题、做出假设、设计实验、收集数据、分析结果和得出结论、撰写研究报告。

今天我们也要来争当小小科学家。这个学期，我们种植了西红柿，它们一天天长大，由青变红。关于西红柿，通过你的观察，你有什么发现？想研究什么问题？又进行了怎样的科学研究呢？

观察西红柿的成长，分享自己的问题与探究过程，聚焦问题。

出示前置性作业，请同学们拿出作业设计单与小组内的同学一起交流，并在组与组之间分享交流。根据学生的交流，板书学生提出的一些问题。例如：

问题1：西红柿的果实颜色为什么会变？

问题2：西红柿的果实为什么会从小变大？

问题3：为什么同一株西红柿上的果实颜色不一样？

问题4：同一块菜地，为什么有些植株结的果实多？有些结得少？

问题5：以后在种植西红柿的过程中，需要注意哪些问题？

问题6：小鸟为什么喜欢啄西红柿？

问题7：什么时候可以采摘西红柿？

确定要研究的问题。由于时间关系，我们来解决其中一个问题。根据学生的回答，选取想要研究的问题。问题3：为什么同一株西红柿上的果实颜色不一样？师：同学们猜一猜是什么原因造成的？还有不同的想法吗？怎样去验证我们的观点？

验证我们的观点，农科院博士引领学生根据描述，板书研究的方式。我们可以查阅资料、实验、观察、调查、比较、经验总结等来验证我们的观点。我们一起来听一听湖南农科院博士在线解答，科学家怎样去开展研究，解释同一株西红柿上的果实颜色不一样，其可能存在的原因。

推展延伸，培养学生科学精神：你还知道哪些科学家的事迹？你体会到了什么？他们具备了什么样的科学精神？

小结：同学们，你们知道吗？科学家也是不断地去观察、思考、研究，才有了杂交水稻、宇宙飞船等一系列重大发明与创造。同学们，让我们争做小小科学家。

五、活动特色与效果

本课堂教学，体会科学家的思考方式，引领学生树立理想信念，弘扬、传承科学家精神。

（一）转变课堂教学模式，实地观察与研究，开展探究式教学

在课堂中，充分引导学生去观察西红柿的成长，学生自主发现问题、分析问题并解决问题，同时鼓励学生善于发现、勇于质疑。通过农科院博士在线解答疑惑，进一步了解科学家的工作方式，让学生初步经历科学家的科学探究历程。

（二）把科学家精神有机融入课堂教学

科学课堂，不仅是学科知识的传授，更是科学精神与文化的教育。科学家的精神贯穿课堂的始末，让学生跟着科学家的步伐，开展科学探索。在课堂中，还通过学生的自主收集资料，呈现与宣传中国科学家事迹。让学生通过对科学家事迹的耳濡目染，崇尚与学习科学家精神。让课堂转变为充分贯彻科学家精神的实践场域。

六、活动反思

本次教学活动课"西红柿成长变形记"，我想让孩子通过自己的操作来探索西红柿的变化，在选择这节课时我觉得孩子们应该对植物种植不熟悉，通过自己的实际教学过程，我反思了一下，对自己预设的情况和实际的操作情况进行了简单的对比，总结出以下三点。

（一）教师的引导

在孩子操作的过程中，老师的引导最为重要，特别是当孩子在探索西红柿种植的过程中，教师可以提前操作一下。对于探索过程中出现的问题，老师应该提前考虑周到，这样才能针对问题进行指导，老师无须再用更多的语言进行描述，所以老师的引导在教学活动中是至关重要的，如果引导不正确

或是不到位会导致孩子的操作出现问题。

（二）孩子的进步

在本次教学活动中，孩子的前期经验是老师意想不到的。孩子们不但探索了科学知识，还学会了像科学家一样去探索和思考，融合大思政教育，进行思想政治教育。

（三）评价的改进

可开展前期准备活动的评价与课后评价均采用评价量表，让学生关注自身的发展。可以通过生生互评和师生互评的方式，从参与度与好奇心、批判性思维、团队意识、坚持精神、有一定的创新能力等方面进行等级性评价，并提出建议，帮助学生的学习。

活动已经结束了，但是值得老师去反思思考，我们会根据自己的反思经验来调整自己的教学活动，让自己的课堂更有趣味，让孩子们更喜欢自己的教学课堂。

水墨画中的"家国情怀"
——水墨文创与思政融合教育活动设计

一、活动背景

为了丰富小学生的校园文化生活,提高他们的思政素养和审美能力,学校在"三月学雷锋月"决定举办一次水墨文创品义卖活动。通过这次活动,我们希望能够引导学生了解中国传统文化,培养他们的爱国情怀和创新精神。

二、活动目标

让学生了解水墨画的基本知识和技巧,体验中国传统文化的魅力。认同中华文化,继承革命传统,弘扬民族精神;引导学生将思政知识与水墨画创作相结合,表达他们对国家、社会和家庭的热爱与关注,培养他们的爱国情怀和民族自豪感。培养学生的创新思维和动手能力,提升他们的综合素质。

三、活动设计与实施

(一)水墨画讲座与体验

在活动开始前,邀请专业的水墨画家为学生举办讲座,介绍水墨画的历史、特点以及基本技法。然后,让学生亲自动手体验水墨画的创作过程,感受水墨画的独特魅力。

（二）思政主题水墨画创作

引导学生将思政主题融入水墨画创作中。教师引导学生选取以梅、兰、竹、菊"四君子"为主的创作题材，它们代表的品质分别是傲、清、幽、逸，共同展现了一种崇高的精神风貌，鼓励孩子们学习挑战困难、保持独立、坚定信念和展现高尚品格。让学生通过水墨画的形式表达自己对这些主题的理解和感受。

（1）素材收集：教师引导学生收集与"四君子"相关的图片、书籍、诗词等素材，为创作提供灵感和参考。

（2）草图绘制：鼓励学生先绘制草图，尝试不同的构图和表现方式，逐步确定最终的设计方案。

（3）制作实践：在教师的指导下，学生可以将设计方案转化为实际的文创作品。教师提供了空白的团扇、纸伞、纸盘、纸灯笼等，并关注学生在制作过程中的问题和困难，给予及时的帮助和指导。

在创作过程中，教师可以给予适当的指导和帮助，确保学生能够顺利地完成作品。

（三）水墨文创作品制作

教师引导学生将水墨画元素应用到文创品制作中，可以制作水墨画团扇、纸伞、纸灯笼等文创品。学生可以根据自己的兴趣和特长，选择适合自己的制作项目。在制作过程中，他们可以发挥自己的创意和想象力，将水墨画元素巧妙地融入文创品制作中。

1. 前期准备

（1）了解水墨画。让学生了解水墨画的基本知识和技巧，包括笔法、墨色、构图等。

（2）欣赏经典作品：展示一些经典的水墨画作品，让学生感受水墨画的独特魅力和文化内涵。

（3）选择文创品：让学生根据自己的兴趣和创意，选择适合的文创品进行制作，如团扇、纸伞、纸灯笼等。

2.设计构思

（1）主题选择：鼓励学生根据水墨画的主题和风格，选择或设计自己的文创作品主题。

（2）元素提取：引导学生从水墨画中提取具有代表性的元素，如山水、花鸟、人物等，并思考如何将这些元素巧妙地融入文创品设计中。

（3）布局与配色：指导学生考虑文创品的整体布局和配色，确保水墨画元素与文创品风格相协调。

3.制作过程

（1）绘制水墨画：让学生在纸张上练习绘制水墨画，熟悉水墨画的绘制技巧。

（2）将水墨画融入文创品：根据设计构思，引导学生将水墨画元素应用到文创品上。可以使用印刷、刺绣、雕刻等不同的工艺手法来实现。

（四）展示与交流

当所有作品完成后，结合学校大队部开展的学雷锋义卖活动，美术组设置了一个水墨画文创品的摊位，将自己的水墨画作品和文创品展示出来供全校师生和家长来参观，学生向参观者介绍自己的创作思路和过程。同时，大家也可以互相欣赏和评价作品，共同学习和进步。

（1）作品展示：当所有作品完成后，结合学校大队部开展的学雷锋义卖活动，美术组设置了一个水墨画文创品的摊位，展示学生制作的水墨文创品，如团扇、纸伞、纸灯笼等，将自己的水墨画作品和文创品展示出来供全校师生和家长来参观，作品展示体现了水墨画的独特魅力和文化内涵，同时展现了学生对水墨画元素的创新应用。每件作品旁设置简要介绍，包括作品名称、创作者、创作灵感、创作过程等，让观众更好地了解作品背后的故事。

（2）专家点评：邀请水墨画专职教师对展示作品进行点评，从艺术价值、创意性、实用性等方面给予指导建议。

（3）分享交流：邀请参与制作的学生分享他们的创作心得和体验，讲述如何将水墨画元素应用到文创品设计中的过程。设立小组讨论区，鼓励学生围绕水墨文创品的创作、设计、市场应用等方面展开深入讨论。

（4）校园宣传：利用学校的官方网站、微信公众号、海报等渠道进行宣传，吸引师生参与。

四、活动效果与特色

通过这次活动，学生不仅了解了中国传统文化和水墨画的基本知识和技巧，还学会了将思政主题融入艺术创作中。他们在创作过程中充分发挥了自己的想象力和创造力，同时也感受到了中国传统文化的魅力和价值。

（一）观众参与度

这次水墨画文创品义卖活动成功调动了孩子们的参与度，使其对水墨文创表现出浓厚的兴趣，能够积极参与购买与互动环节，对文创品的兴趣非常高。

（二）文化传播效果

水墨文创品展示活动的主要目的之一是传承和弘扬中国传统文化。如果活动能够向观众传递出中国传统文化的精髓，激发观众对传统文化的兴趣，那么可以说该活动在文化传播方面取得了显著的效果。

（三）创意激发效果

水墨文创品通常融合了传统水墨画元素与现代设计理念，具有独特的创意性。如果活动能够激发观众的创意灵感，促进观众对传统文化的创新理解和应用，那么可以认为该活动在创意激发方面取得了很好的效果。

五、活动反思

本次小学思政教育与水墨文创作品相结合的活动取得了圆满成功。通过这次活动，学生不仅提高了自己的思政素养和审美能力，还培养了自己的创新思维和动手能力。我们相信，在未来的学习和生活中，这些宝贵的经历和体验将会对学生产生深远的影响。

（一）成效显著

学生在轻松愉快的氛围中学习了水墨画技巧，感受了传统文化的魅力。

同时，他们通过制作文创品的方式，将所学的知识和技能应用到实践中，提升了创新能力和实践能力。此外，思政教育的融入也让学生在实践中深化了对社会主义核心价值观的理解和认同。

（二）反思不足

虽然本次活动取得了显著的成效，但也存在一些不足之处。例如，部分学生在创作过程中缺乏自信，需要更多的鼓励和指导。另外，由于时间有限，我们未能将所有学生的作品都展示出来，这可能会让学生感到失望。针对这些问题，我们将在今后的活动中加以改进和完善。

苗族银饰让我无比自豪
——"银饰之美与思政教育"融合教学活动设计

一、活动背景

为了深化小学生对中国传统文化的了解，培养他们的民族自豪感和文化自信，东郡小学结合苗族银饰文化，开展了一次主题为"银饰之美与思政教育"的活动。此次活动，旨在引导学生领略银饰艺术的独特魅力，同时融入思政教育元素，培养他们对传统文化的热爱和传承精神。

二、活动目标

让学生了解苗族银饰的历史、特点和制作工艺，感受其独特的艺术魅力。引导学生将银饰之美与思政教育相结合，培养他们的民族自豪感和文化自信。通过动手制作银饰作品，培养学生的创新思维和动手能力，提高他们的综合素质。

三、活动设计与实施

（一）银饰文化讲座

活动伊始，我们邀请了专业的苗族银饰制作艺人为学生举办讲座。讲座中，艺人详细介绍了苗族银饰的历史、特点、制作工艺以及文化寓意。学生听得津津有味，对苗族银饰产生了浓厚的兴趣。

1. 银饰制作体验

在了解了苗族银饰的基本知识后,学生迫不及待地想要亲自动手制作。我们为学生准备了制作银饰所需的材料和工具,并请艺人现场指导他们进行制作。学生在艺人的指导下,认真地剪裁、打磨、镶嵌,完成了一件件精美的银饰作品。

2. 思政教育融入活动

银饰制作作为一项传统的手工艺,承载着丰富的历史和文化内涵。在银饰制作的过程中,利用班队课时间向学生或参与者介绍银饰制作的历史沿革、技术传承以及在不同历史时期的文化意义,从而引导学生理解并尊重传统文化,培养对民族文化的认同感和自豪感。

(1) 弘扬工匠精神:银饰制作需要精细的技艺和持久的耐心,这体现了工匠精神的内涵。在银饰制作的过程中,可以强调工匠精神的重要性,如精益求精、追求卓越、持之以恒等,引导学生理解并学习这种精神,培养他们的职业素养和道德观念。

(2) 强调团队合作和互助精神:银饰制作往往需要多人协作完成,这为学生提供了锻炼团队合作和互助精神的机会。在银饰制作的过程中,可以引导学生分工合作、相互学习、互相帮助,共同完成制作任务,从而培养他们的团队合作能力和互助精神。

(3) 融入爱国主义教育:在银饰制作的过程中,可以融入爱国主义教育元素。例如,可以设计一些具有爱国主义色彩的银饰作品如国旗、国徽等,引导学生通过制作这些作品来表达对祖国的热爱和敬意。同时,还可以向学生介绍一些与银饰制作相关的历史事件和人物,如中国古代的银匠、近代的银饰制作大师等,从而引导学生了解并传承中华民族的优秀传统文化。

(4) 开展思政教育主题活动:在银饰制作的过程中,可以开展一些具有思政教育意义的主题活动。例如,组织学生参观银饰制作工坊,了解银饰制作的历史和技术;利用班队课组织学生进行银饰作品的设计比赛或展览活动,让学生在实践中体验和感悟思政教育的意义和价值。

总之，在银饰制作的过程中，我们将思政教育巧妙地融入其中。在介绍苗族银饰的文化寓意时，我们强调了民族团结的重要性；在指导学生制作银饰时，我们注重培养他们的耐心和毅力，让他们明白成功需要付出努力。

（二）作品展示与交流

当所有作品完成后，我们组织了一次作品展示与交流活动。学生将自己的银饰作品展示出来，并向同学们介绍自己的创作思路和制作过程。大家相互欣赏、相互学习，共同感受银饰之美的同时，增进了彼此之间的友谊。

1. 展示方式

（1）实体展览：在学校的展览室和走廊举办银饰作品展览，通过展示精美绝伦的银饰作品，吸引观众的目光。展览可以按照不同的主题进行分类，如传统工艺、现代设计、地域特色等，让观众更深入地了解银饰文化。

（2）线上展示：利用东郡小学微信公众号平台，展示一期优秀银饰作品。通过图片、视频等形式，让学生可以随时随地欣赏到精美的银饰作品。

2. 交流方式

（1）举行学生设计师交流会：组织小设计师利用校园电视台分享他们的设计理念、创作过程、材料选择等方面的经验。这种交流会可以增进同学们之间的了解与合作，促进银饰设计的创新与发展。

（2）互动体验：在展览现场设置互动体验区，让观众亲手尝试银饰制作的过程，如打磨、镶嵌、抛光等。这种互动体验可以让观众更直观地感受到银饰制作的魅力，提高他们对银饰文化的兴趣。

总之，银饰作品的展示与交流是银饰文化传承与发展的重要途径。通过多样化的展示方式和交流方式，可以让更多的人了解和感受到银饰文化的魅力，促进银饰行业的繁荣与发展。

四、活动效果与特色

通过这次活动，学生不仅了解了苗族银饰的历史和文化，还亲身体验了银饰制作的乐趣。

（一）增强文化认同感

通过银饰思政活动，让学生更加深入地了解和体验中国传统文化的魅力，特别是银饰制作所承载的历史、技艺和文化内涵。这种深入了解能够增强参与者对中国传统文化的认同感，增强文化自信。

（二）提升思政教育质量

将思政教育融入银饰制作过程中，可以使思政教育更加生动、有趣、易于接受。通过实践体验，参与者能够更加深入地理解思政教育的内涵，提高思政教育的质量和效果。

（三）传承和弘扬传统文化

银饰思政活动通过展示和传承银饰制作技艺，能够弘扬中国传统文化，让更多的人了解和欣赏到传统文化的魅力。同时，这种传承也能够激发参与者对传统文化的热爱和关注，促进传统文化的传承和发展。

总的来说，银饰思政活动不仅能够提升参与者的文化素养和综合素质，还能够促进传统文化的传承和发展，他们在制作过程中培养了创新思维和动手能力，同时也加深了对传统文化的热爱和传承精神。此外，通过思政教育的融入，学生能够更加深刻地认识到民族团结的重要性以及成功需要付出努力的道理。

五、活动反思

本次"银饰之美与思政教育"活动取得了圆满成功。我们将传统文化教育与思政教育相结合，通过银饰这一载体，引导学生领略传统文化的独特魅力，培养他们的民族自豪感和文化自信。同时，我们也为学生提供了一个展示自己才华和交流学习的平台，增强了他们的自信心和表达能力。

体育节上的民族团结旋律
——学校体育文化节暨民族文化思政融合展示

一、活动背景

随着时代的发展,多元文化融合已成为社会发展的重要趋势。在这一背景下,弘扬和传承中华优秀传统文化,增强民族凝聚力和向心力,显得尤为重要。同时,随着国家对青少年体育教育的重视,体育文化活动在学校教育中扮演着越来越重要的角色。此外,随着全球化进程的加速,外来文化不断涌入,如何在保持传统文化的基础上,吸收和借鉴外来文化的优秀元素,成为我们面临的重要难题。

为了进一步推动校园文化的繁荣发展,提高小学生的体育素养和文化素养,学校决定举办小学生体育文化节。此次体育文化节不仅是一次体育竞技的盛会,更是一次民族文化交流和思政教育的平台。通过结合56个民族的文化特色,让学生在参与体育活动的同时,深入了解和体验各民族的文化魅力,增强他们的民族认同感和自豪感。通过展示各民族的文化特色,引导学生正确看待文化差异,培养开放包容的文化心态。

二、活动理念

本次小学体育文化节暨56个民族文化融合思政活动,秉承活动育人的理念,将思政教育融入体育活动中,深入了解和体验各民族丰富多彩的文化,从而培养他们的文化自觉和文化自信,增强民族认同感和自豪感,使他们感受到爱国主义、集体主义、民族团结等社会主义核心价值观的熏陶，引导他们树立正确的世界观、人生观和价值观。通过体育竞技活动，让学生在比赛中锻炼意志、磨炼品质，学会合作与竞争，培养他们的集体荣誉感和个人成就感。

三、活动目标

展示中华民族56个民族的多元文化，弘扬民族团结精神。通过体育竞技活动，培养学生的健康体魄和竞技精神。将思政教育与民族文化相结合，提升学生的文化素养和爱国情怀。

四、活动课程设计与实施

（一）前期准备

（1）组织筹备。成立活动筹备组，负责活动的策划、组织、宣传和实施。与各民族师生沟通，确定表演节目和竞赛项目。

（2）宣传推广。通过校园广播、海报、班级通知等方式，广泛宣传活动的意义和目的，激发学生的参与热情。

（二）开幕式环节

（1）入场仪式。各班级以民族为单位，穿着各民族的传统服饰，在主持人的引导下有序入场。每个班级可以准备一段简短的介绍词，介绍本民族的文化特色和本次参赛的运动员。

（2）升旗仪式。举行庄严的升旗仪式，增强学生的爱国主义情感。

（3）领导致辞。学校领导致辞，强调体育文化节的意义，鼓励学生积极参与，弘扬体育精神和民族团结精神。

（三）民族文化融合思政展示

（1）民族文化表演。各民族的师生共同表演具有本民族特色的舞蹈、歌曲等节目，展示各民族的独特魅力。

（2）民族文化知识问答。通过问答的形式，让学生更加深入地了解各民族的文化知识，增强民族认同感。

（四）体育竞技环节

（1）开幕式体育表演。安排一段精彩的体育表演，如武术表演、体操表演等，展示学生的体育风采。

（2）体育竞赛启动仪式。由校领导宣布体育文化节正式开幕，并启动各项体育竞赛。

（3）安全保障。制定详细的安全保障措施，确保活动的安全有序进行。同时，加强对学生的安全教育，提高他们的安全意识和自我保护能力。

五、课程活动特色与效果

本次活动以弘扬民族文化、传承民族精神为核心，通过体育竞技、文化展示和思政教育相结合的方式，为学生呈现了一场精彩纷呈的体育盛宴。活动期间，学生不仅展示了他们的体育才能，更在参与过程中深入了解了各民族的文化特色，感受到了中华民族的多元文化魅力。

（一）在体育竞技方面

学生积极参与、奋勇拼搏，展现了良好的竞技精神和团队协作能力。各班级、各民族之间的比赛激烈而友好，不仅锻炼了身体，也增进了彼此之间的友谊。同时，我们也看到了学生在比赛中不断挑战自我、超越自我的精神风貌。

（二）在民族文化展示方面

我们邀请了各民族的师生共同参与，通过舞蹈、歌曲、服饰等多种形式展示了各民族的文化特色。这些展示不仅让学生感受到了各民族的独特魅力，也让他们更加深入地了解了中华民族多元文化的丰富内涵。通过文化展示，学生不仅增强了民族认同感和自豪感，也学会了尊重和包容不同文化。

（三）在思政教育方面

我们注重将民族团结、爱国主义等社会主义核心价值观融入活动中，引导学生树立正确的世界观、人生观和价值观。同时，我们也让学生明白了体育竞技不仅仅是比赛胜负的问题，更是团结协作、公平竞争的精神体现。

六、课程活动实施反思

通过小学体育文化节暨56个民族文化融合思政活动的成功举办，我们收获了许多宝贵的经验和深刻的反思。

首先，活动在弘扬民族文化、传承民族精神方面取得了显著成效。通过各民族的表演、展示和互动，学生对56个民族的文化有了更深入的了解，民族认同感和自豪感得到了进一步增强。然而，我们也意识到在展示各民族文化时，需要更加注重平衡性，确保每个民族的文化都能得到充分的展示和尊重。

其次，体育活动在培养学生健康体魄和团队合作精神方面发挥了重要作用。通过体育竞赛，学生锻炼了身体、提高了技能，同时也学会了合作与竞争。然而，我们也发现部分学生在比赛中过于注重个人成绩，缺乏团队合作精神。在今后的活动中，我们将更加注重培养学生的集体荣誉感和团队合作精神，让他们在比赛中更好地发挥团队协作能力。

在思政教育方面，我们尝试将民族团结、爱国主义等社会主义核心价值观融入体育活动中，取得了良好的教育效果。然而，我们也意识到思政教育需要更加深入和持久。在今后的活动中，我们将进一步挖掘体育活动中的思政元素，设计更多具有针对性的思政教育活动，让学生在参与活动的过程中得到更加全面和深入的教育。

此外，我们也对活动组织和管理方面进行了反思。虽然活动整体进展顺利，但在细节方面仍存在一些不足。例如，部分环节的时间安排不够合理，导致部分观众等待时间过长；部分设备的准备不够充分，影响了活动的顺利进行。在今后的活动中，我们将更加注重细节管理，提高活动组织的专业性和规范性。

总之，通过本次活动的成功举办和深入反思，我们更加明确了活动目标和理念，也发现了存在的问题和不足。在今后的工作中，我们将继续努力改进和创新，推动体育文化节活动的持续发展和完善。

在绘制连环画中感受名著韵味
——语文绘画跨学科融合课程设计

一、活动背景

连环画,俗称"小人书""小书",是一种古老的中国传统艺术,最早可以追溯到汉朝的画像石和北魏的敦煌壁画。连环画是学生喜闻乐见的一种艺术形式,从孩子牙牙学语开始,连环画就与他们相依相伴,连环画中的故事、诱人的形象、丰富的色彩深深地吸引着他们。因此,利用学生对连环画的喜爱,结合小组学习的方式,同时联系小学五年级下册语文第二单元四大名著主题学习的内容,开设"我的连环画经典故事"课程,让学生读名家经典,选择自己喜欢的故事片段,设计一本连环画,从而启发学生如何讲好一个经典故事,体会创作连环画的乐趣,激发学生对生活和创作的热爱之情,培养学生的审美素养、创新能力以及综合实践能力。

二、活动目标

连环画是以多幅画的形式讲述一个故事,学生除了要具备绘画造型能力外,还需要有构思精妙故事的能力。本课程运用跨学科融合课程的方法,将语文和美术学科相融合,引导学生多多思考,切身体会艺术与生活的关系,让课程变得更加有趣,从而提升学生的学习兴趣以及审美创造能力。

三、活动准备

（1）教具准备：准备几本经典的连环画，让学生对连环画有深入的认识。

（2）学生准备：活动前，同学们自主采用阅读书籍、线上查询等方式收集相关资料，初步对四大名著的经典故事进行了解，并确定好自己连环画制作的题材选择，并准备好连环画制作的工具，如水彩笔、A4纸、铅笔等。

四、活动内容

连环画和古典名著都是我们中华民族的文化瑰宝，有着极高的文学水平和艺术成就。基于统编版小学语文教材和课堂教学，发现"初步读懂名著，体悟人物特点"是学生学习的重难点。因而，五年级语文学科组基于单元教学开设了以"品四大名著　绘连环画作"为主题的四大名著连环画课程活动，让学生初步习得阅读名著的方法，感受鲜明的人物形象，体会丰富情感，领略名著的魅力，再制作成连环画，让传统文化艺术深入人心。

（一）认识连环画

给学生展示连环画，让学生初步认识什么是连环画：连环画就是一种用多幅画面连续展开，叙述一个故事过程的绘图表现形式。并清楚地知道连环画的基本构成：封面（图画、题目、作者、出版单位）、画页（图画、文字、页码）。

（二）连环画形式对比

出示新旧两版不同的连环画，让学生仔细找找它们的区别。会发现新版连环画在现代信息技术和文化背景的影响下，卡通画更受少年儿童的喜欢。旧版连环画主要以线描为主，也有木版画、水彩画等形式。

（三）题材选择

四大名著，通过语文课程第二单元的单元整体学习，并组织学生进行四大名著的阅读，在课上进行经典故事的分享，制作人物推荐卡，让更多的同学认识自己喜欢的人物，通过分享的形式帮助学生更好地进行题材选择。

（四）分组合作

根据具体情况，学生自行组队，分工合作，进行连环画制作。

五、活动设计与实施

（一）文化传承

引导学生对连环画有基本的了解，了解什么是连环画、新旧两版连环画的区别，以及连环画和我们常读的绘本有什么区别。通过课程介绍，学生对连环画的现状有了基本的掌握，同时，通过观看不同版本的连环画，激发学生对传统文化的学习兴趣，从而尝试用自己的方式进行文化传承，担当起文化的传承者。

（二）知识了解

通过引导学生收集资料，教师帮助学生了解漫画连环画、木刻连环画、卡通连环画、年画连环画等形式，并指导学生体验最常用的线描连环画创作技巧，让学生使用水彩、水粉、素描等形式进行创作，通过形式多样的创作方式，让学生感受创作的乐趣。

（三）脚本编写

结合五年级语文第二单元四大名著的主题单元学习，让学生在课堂上充分地分享自己喜欢的故事、喜欢的人物等；筛选出自己的创作题材；指导学生写好脚本。连环画脚本编写的要求：要采用分段式、分镜头式编写。

（四）作品创作

（1）人物设计。学生通过名著阅读，了解人物的年龄、面貌、身材、性格特征、衣着特征等信息，对人物进行清晰描绘，凸显人物的整体特点。

（2）场景添加。学生要收集有关创作所需要的素材，划分出若干个故事场景，并灵活运用到连环画的画面中。

（3）掌握重点。学生要掌握故事重点，突出情节高潮，对主要的情节、关键性的画面进行细致的刻画，达到渲染的效果。

（4）形式多样。学生可通过单独创作或集体创作的形式，各自发挥自己所长，参与到连环画的创作中，感受传统文化的魅力。

六、活动评价

（1）对课程实施效果的评价。课程目标是否落实到位，在课程实施的过程中，是否充分尊重了学生的主体地位，课程的生成性如何。

（2）对学生成长历程的评价。学校应注重学生个性和特长的发展，关注学生对连环画课程的学习过程，强调评价主体的多元化。学生在学习活动中对师生关系的实际感受、学生的学习兴趣和获得成功的体验等应成为评价学生的主要内容。评价的方法除观察、调查、考查、成果展示之外，还可以建立关于学生兴趣特长发展的"成长记录袋"，允许学生把自己认为优秀的作品放到记录袋中。

七、活动特色与效果

本课程倡导以自主、合作、探究的学习方式开展，让学生在自主选择和个性化知识的掌握过程中形成更多能力，更好地认识学习的价值，塑造健全的人格，进而健康、和谐、全面地发展。课程实施过程围绕学生核心素养培养，重在强调学生能习得人文、审美、创造等各领域的知识和技能，涵养内在精神，充分感受传统文化的魅力。

经典名著故事连环画创作课程满足了学生的兴趣和需要，有助于全体学生的个性特长发展，为学生的可持续发展创造了条件。学生很喜欢连环画创作课程，他们对这种图文并茂的作品形式很感兴趣，有创作的欲望和冲动，尤其是自己的作品能自己装订成册，像正规出版物一样得以展现时，他们的自豪感毋庸置疑。在课程实践过程中，学生的探究能力、表达能力、合作能力与创新思维都得到了提升。由于课程中引导学生对连环画有了充分的认识，同时对中国四大名著的内容也有了足够的了解，这对弘扬优秀传统文化有着重要的意义。本课程也加深了学生对传统文化的亲近感和归属感，有助于帮助学生形成正确的审美观和价值观。

绘本教学中培育改革意识
——低年级绘本阅读中的思政教育活动

一、活动背景

1978年党的十一届三中全会提出"对内改革，对外开放"，"改革开放"成为我国的基本国策之一，被纳入党章。由此，改革对于中国发展发挥着巨大的推动性作用。作为学生，只有明白"唯有改革才有出路"，在成长过程中，学会改变自我，适应环境，不断成长，才能有所收获。那么，教师在绘本阅读活动中为何要进行思政教育呢？有如下理由：一是自己常常与孩子一起读绘本，有丰富的绘本阅读经验。二是我们对一年级孩子并不太了解，更不了解这些孩子背后的家庭到底如何进行阅读教育，通过绘本阅读，能够了解孩子家庭，走进学生心灵。三是绘本以深入浅出的形式，能快速地讲清楚一个深奥的道理，进行潜移默化的教育。正因为以上原因，促使我们有强烈的意愿来做绘本阅读活动，且重点关注绘本阅读活动中的思政教育。

二、活动目标

本活动以"唯有改革才有出路"为主题，开展思政教育活动，具体目标是引导孩子理解改革的必要性和紧迫性，激发学生理解改革的意义，在体味故事创编过程中，感受改革的意义；还要对学生进行改革精神的启蒙教育，强化其爱国主义情怀，增强其肩负国家发展重任的责任感。

三、活动设计与实施

（一）讲故事

有一天，一只老鼠遇到了一头狼，狼一口把老鼠给吃掉了。老鼠来到狼的肚子里面，它遇到了一只鸭子，这只鸭子在狼的肚子里面已经住了很久了，它想吃东西，想要什么只要跟狼大声说就好了，因为如果狼不听的话，它就在狼的肚子里面乱蹦乱跳，让狼痛得哇哇直叫。有一天，狼遇到了猎人，猎人在黑暗中朝狼开枪却没有打中它，可是狼逃跑的时候，不小心被树枝给卡住了，眼看狼就要被猎人杀掉了，老鼠和鸭子为了保卫自己的家园，它们从狼的口里面冲出来，准备和猎人战斗。猎人被眼前的一幕惊呆了，他以为闹鬼了，吓得从此再也不敢踏入森林半步。狼为了感谢老鼠和鸭子，给它们鞠了一躬，并答应帮助老鼠和鸭子实现一个愿望。故事讲到这里，大家应该猜到它们的愿望是什么了吧？没错，它们再次回到了狼的肚子里面……原故事到这里就结束了。通过讲故事，让学生在体味故事情节的过程中，感受改革的力量。

（二）思考故事

探讨以下核心问题。

（1）狼为什么会听老鼠和鸭子的指挥？

（2）鸭子和老鼠为什么不愿意从狼的肚子里面出来？你怎么看？

（3）当遇到危险时，作为鸭子或老鼠，你们准备怎么办呢？

（4）鸭子和老鼠最终为什么选择继续回到狼的肚子里面生活？你会这样选择吗？

（三）续写故事

续写"很多年以后，狼、老鼠和鸭子的命运"，并根据改编后的故事，给故事配画。

（1）假如它们一直这样生活，都不做任何改变，谁会先老？假如狼老了，故事应该怎么续写？

（2）鸭子或老鼠是否会觉得这样的生活很没有意义，想出来，它们怎么想的，出来以后发生了什么呢？

（3）狼遇到自己不喜欢做的事情，鸭子和老鼠又要挟它，它会想什么办法来解决呢？

（4）以下是老师续写的故事。

老鼠和鸭子在狼的肚子里面生活了很长很长时间，后来老鼠觉得这不是它想要的生活，因为每天除了吃就是睡，它想念外面的世界，尽管外面的世界危险重重，但不至于过这样单调无趣的生活。它和鸭子商量着，可是鸭子不同意，它觉得在狼的肚子里面有吃有喝，每天过得逍遥自在，它很幸福。可是，小老鼠也不敢独自出去，因为它太弱小了。有一天老鼠军团经过，它们闻到了狼肚子里面老鼠的味道，老鼠们邀请小老鼠和它们一起去建设一座新的城市。小老鼠终于勇敢地从狼的肚子里面走了出来，它告别了鸭子和狼，开启了新的生活。

这个新生活可并没有想象的那么容易，老鼠军团建设新的城市困难重重。它们没有先进的工具，没有充足的食物，还不断有老鼠牺牲，但老鼠们不怕困难、不怕牺牲，为了自己的新家园每天拼命地工作。这样的日子又过了很长很长时间，新城市也建得差不多了，但是比起其他动物城还是非常落后，所以经常受到其他动物的欺负，它们来抢老鼠们的食物，破坏它们的城市。更奇怪的是，老鼠城的很多臣民们丝毫不觉得自己很落后，它们每天都很努力，按部就班地工作，它们学习不到最先进的技术，所以城市建设得非常破旧且缓慢。老鼠军团的首领看到这样的现象，毅然做了一个惊人的决定，什么决定呢？它们决定打开自己的城门，让其他国家的动物们进入自己的城市，它们也把自己的东西卖出去，并且不断对自己进行改革，以适应新的变化。起初，老鼠城的臣民们并不认同这种做法，因为城门打开以后，很多先进的科技工具、非常厉害的动物们也进来了，老鼠们原本安逸的生活会受到冲击。面对外来的竞争，它们要不断地努力学习，改变自己，以适应新城市的发展。

就这样，城市的建设很快就焕然一新了，为什么呢？因为打开城门以后，动物城之间的交流变得频繁了，它们相互学习，相互竞争，共同进步，所有的小老鼠们都努力地改变自己，而且不断地创造新的工具、新的物品。老鼠城每天都在变化，充满活力，不再是落后的城市了。小老鼠也成长为一只大老鼠，它通过自己的努力，有了自己的家庭，有了自己的事业，从此过上了幸福的生活。而此时的鸭子，大家猜怎么样了呢？没错，鸭子现在尽管很年轻，但是狼老了，它再也不能捕食了，再也不能为鸭子提供任何食物和物品，而鸭子已经没有勇气走出来了，最后选择和狼一起活活地饿死了。故事讲完了……这个故事给了我们怎样的启发呢？

（四）故事与主题的哲理：唯有改革才有出路

新中国成立之初，我们也非常落后，很多高科技、汽车、大型设备都依赖从国外购买，他们想卖多贵就多贵，出售产品却不出售技术。44年前，邓小平爷爷带领智慧、勇敢、勤劳的中国人民进行改革开放，实行对内改革、对外开放，引进来、走出去。邓小平爷爷说："任何一个民族、一个国家，都要学习别的民族、别的国家的长处，学习人家的先进科学技术。"

然而，中国的改革永远没有停止。大家知道前段时间的冬奥会的雪是怎么来的吗？起初，别的国家不愿意分享最先进的制雪技术，我们就自主研发了自己的制雪技术；我们的歼-20战斗机，也在不久前更换了自己国家研制的发动机等。但是，截至目前，我们依然还有很多技术受制于别人，如芯片等科技领域，我们的改革还有很长的路要走。习近平总书记指出，"创新驱动、新旧动能转换，是我们是否能过坎的关键。关键技术、核心技术、高新技术，要靠自己"。

祖国的未来需要大家，我们在学好基础知识的同时，要学会改变，学会创新。唯有自我改变，才能创造未来；唯有改革，国家才会有出路。

四、活动效果与特色

（一）如何和孩子们讲"改革"这么宏大的议题

如果只讲表象，肯定没有意义，学生理解不透。如果讲透，就会涉及更难、更深的问题，孩子更难听懂。可否通过一个载体，将其中的核心思想、关键因素等融入孩子能理解的载体上，从而启发儿童对这个问题的思考，并能从中寻找到一种存在的方式。

（二）如何进行设计

借用故事，改编故事，将思想融入故事当中。我把老鼠这个人物设定为普通改变者，把老鼠军团设定为一个改革群体，将鸭子设定为保守派或反改革派。几个故事情节的设计意图如下。

（1）个人与团队。老鼠长期生活在安逸、单调的环境中，它想变，它想和鸭子一起，可是鸭子不愿意，它自己又没有变的勇气和力量，是团队带它走出了困境。必须承认个人的力量其实极其有限，团队才是真正可以依靠的。

（2）小老鼠的"命运"有何意义？这个其实考虑的是一个真实的现状，一个不断努力改变自己的人，最终会获得他（她）需要的幸福。所以，小老鼠的命运就设计成了一个积极向上的普通人形象，比较贴近孩子的"投射"，高大的人物形象其实离孩子还是比较远的。

（3）鸭子的"命运"有何意义？有两个思考的方向：一是考虑鸭子长期索要自己喜欢的食物，导致狼长期营养不良，最后病死，这个角度是往"共生"方面设计；二是考虑狼老了，无能为力了，我觉得更适合现在的"啃老"一族，当然在课堂教学上，我们可以从更多不同的视角来聊。

（4）为什么要改革开放？把改革开放前的状态呈现出来，有好人、坏人、无知的人。坏人会因为你弱，而欺负你。这可能是因为坏人太坏，也可能是因为你太弱。无知就是你自以为很好，而不愿意为了更好而改变。好人就是指那些有远见、有胆识的人，他们在城市的建设中起到了关键作用。我本想也设计一个团队内部自身的阻力因素，就是那些害怕别人变好，自己不变而阻止团队成长的小人，对这一类人，我左思右想，没有设计进来，感觉他们还不适合孩子去了解。

（5）故事怎么和大思政相结合？在故事的最后，我将改革开放事件对比呈现，从过去到现在，再到未来。在故事的基础上，应该会有一个初步的了解，因为不宜多讲，就只点到了几件小事。难点在于如何把故事的内涵迁移到理解改革开放的事件上，这需要在课堂教学中进一步延伸。

（三）作为一个题材，如何进行教学

当我们仅把故事当故事讲时，有部分孩子当故事听，仅仅是一个消磨时间的故事而已；有部分孩子听故事后会思考；有部分孩子会思考但到不了关键点；有部分孩子完全听不懂。这么大的层次差别，怎么办呢？课堂教学可以缩小部分差距，我以问题导向的教学方式为例，设计以下问题开展研讨。

（1）你听完故事的感受如何？这类问题的目的是希望从孩子当中收集到可以交流的话题，是一个开放性问题，能够发现孩子的视角。

（2）这些人物你更喜欢谁？为什么？这一类题的目的是和孩子们一起了解人物的特点，讲为什么的时候，他们一定会联系自身的生活来看待每一个人物形象，这是一种投射。我在一年级上这节绘本课的时候，孩子们说喜欢狼是因为狼善良；喜欢老鼠是因为老鼠在遇到困难的时候，能勇敢地提出战斗的想法；喜欢鸭子是因为鸭子很幸福，每天都有吃的。孩子们的回答其实可以间接反映他们的思想动态。

（3）如果让你来设计故事的情节，你会如何改编？这一类题适合高年级学生，也是一个项目化学习视角的好题材，设计的前提一定是对议题有深入的了解。我们的目的是帮助他们把宏大的议题生活化。

五、活动反思

我们遇到某一个思政议题需要让孩子懂的时候，如果只站在一个知识传授者的角度，我们可以在网络中找到大量的知识，其实孩子也可以找到；如果我们站在"为什么"的角度，如何让孩子懂，我们的角色会发生变化，要弄清楚思政议题背后的东西是什么。

通过绘本阅读活动进行跨学科思政教育，为什么要跨学科？每天那么多的工作内容，每个议题都单独来做，就无形中被割裂，自己被割裂还是其次，到孩子身上就会割裂得更厉害，孩子接收到的零散东西由谁来整合，他自己吗？教育本身应该是作为一个整体存在的。

那么教育共通的地方是什么？是我们要把外部世界的东西迁移到人的大脑里面来，然后指导个人或群体行为，变成一种自动化的东西。思政、劳动、心理、学科等都同时作用到人身上，当站在一个更高的层面来看，我们会发现政治、劳动、心理、学科都可以通过一个或几个载体来实现。这就是统整、融合、创新的意义所在。

长沙乡土走进了体育课
——"走、跑、跳"体育与思政教学活动设计

一、活动背景

在当前教育改革的背景下,体育教育不仅仅关注学生的身体素质,更强调通过体育活动培养学生的综合素质和家国情怀。长沙作为湖南省的省会,拥有丰富的历史文化和自然景观。将不同类型的"走、跑、跳"体育教育与长沙有名景点相结合,不仅能让学生在体育活动中锻炼身体,还能让学生在游览过程中加深对长沙文化的了解,培养学生对家乡的热爱和认同感;将体育教育与家乡情怀深度融合,不仅有助于提高学生的体育技能,还能在跨学科的教学环境中,加深学生对家乡文化的理解和认同,培养学生的社会责任感和民族自豪感。

二、活动目标

结合长沙的有名景点,将体育教育与文化教育相融合,让学生在参与"走、跑、跳"等体育活动的同时,了解并感受长沙的历史文化和自然景观。通过户外活动,锻炼学生的身体素质,提高体育技能,培养学生的团队协作能力和集体荣誉感。增强学生的家乡自豪感,培养学生对家乡的热爱和认同感,传承和弘扬长沙的优秀传统文化。

三、活动内容

集合出发：根据图片指示，小朋友们开小火车出发到达长沙。

景点介绍：到达每个景点后，教师先进行简短介绍，让学生了解景点的历史文化和自然风光。

体育活动：按照教学方案进行"走、跑、跳"等体育活动，让学生在活动中锻炼身体、提高技能。

生态文明教育：将美食文化体能"课课练"与垃圾分类相结合，引导学生形成健康文明的生活方式。

总结分享：活动结束后，组织学生进行总结分享，分享活动中的收获和感受。

四、活动设计与实施

（一）活动准备

（1）教学场地布置：有足够供学生活动的场地，音乐播放设备。

（2）教具准备：长沙景点和英雄人物的图片或视频资料。

（3）学生准备：穿运动鞋，着运动装，提前了解一些长沙的故事。

（4）教学内容准备：提前找好长沙各景区资料，进行筛选、研修。

（二）导入

观看几组有关长沙的图片，引出"研学游"。提出思考："长沙这座城市给大家带来的最深刻印象是什么？"引导学生进行讨论，激发学生对长沙研学游的兴趣。

（三）集合出发

（1）一城人文古韵，千年山水洲城。长沙人才荟萃，英雄辈出。

（2）将学生分成四组，根据图片指引，开小火车前往长沙。

（3）带着同学们看烟花，翩翩起舞，展示长沙人民的热情。

（四）研学游

1. 走——趣味登岳麓山

教学内容：组织学生进行登山活动，根据视频内容练习（直线走、直线后退走、螃蟹走、企鹅走），沿途介绍岳麓山的历史文化、名人逸事和自然风光。

2. 跑——橘子洲头环江跑

教学内容：云游橘子洲头，进行环江跑活动（躲避障碍跑、跳步找朋友），感受湘江的美丽风光和橘子洲头的独特魅力。

3. 跳——烈士公园跳跃挑战

烈士纪念塔跳跃：挑战者需从"烈士纪念塔的基座"起跳，尽量跳得高，寓意着对革命先烈英勇精神的敬仰与传承。

民俗风情园穿越：在"民俗风情园"内设置多个跳跃障碍，挑战者需连续跳跃通过，感受不同民族的独特风情。

（五）课课练

体能加油站——五一广场。

（1）通过点击长沙美食图片做相应的体能练习。

（2）吃完美食，将相应颜色的"垃圾"（障碍物），放入对应垃圾分类区域。

（六）活动评价

（1）采用自评、互评和师评相结合的方式。对学生的体育技能、团队协作能力和对长沙文化的了解程度等进行全面评价。

（2）教师总结本节课背后的意义，强调团队协作的重要性。

（3）布置作业：利用周末或节假日，跟爸爸妈妈一起走走这些充满故事的景点，并向爸爸妈妈介绍当天所学所感。

（4）长沙的众多景点不仅具有观赏价值，还承载着深厚的教育意义。鼓励学生在日常生活中，细心关注家乡景点背后的故事，培养正确的价值观。

五、活动效果与特色

（一）情境融合

将体育教育与景点背景相结合，设计具有情境性的教学活动。例如，在每个景点设置与主题相关的体育挑战，让学生在挑战中感受当地的文化特色。

（二）团队协作

鼓励小组内部成员相互支持、相互帮助，共同完成活动目标，培养团队精神和集体荣誉感。

（三）跨学科融合

结合历史、文化等学科知识，设计综合性的体育教学活动，提高学生综合素质，增强其对家乡文化的认识和理解。

（四）反思与分享

鼓励学生互相交流和评价，促进知识的共享和思维的碰撞。

六、活动反思

本次体育课，我们深深地体会到了体育课的重要性和挑战性，体育不仅锻炼了身体，还让学生学会了很多关于团队合作和个人挑战的知识。在长跑训练中，学生逐渐意识到耐力和毅力的重要性。开始时，信心满满，但随着时间的推移，会感到越来越疲惫，然而，在老师和同学们的鼓励下，又坚持了下来。这次长跑让学生认识到，无论遇到什么困难，只要坚持下去，就一定能够克服。

回顾这堂体育课，我们认为学生在耐力和团队合作方面有所进步，但也存在很多不足。在未来的体育课中，我们将更加努力地学习和实施教学，提高自己的技能和身体素质。同时，我也会更加注重团队合作的教育，与同学们共同努力，取得更好的成绩。课后，我们积极收集学生的反馈意见，了解他们对活动的满意度和建议。根据评估结果和反馈意见，对活动进行反思和改进，以提高活动质量和效果。

本次活动设计以"一场说走就走的研学游"将不同类型的"走、跑、跳"体育教育与长沙有名景点相结合，让学生在轻松愉快的氛围中学习、体验、成长。这种教学模式不仅提高了学生的身体素质和体育技能，还让他们在学习过程中了解了家乡的历史文化和自然风光，增强了他们对家乡的热爱和认同感。

第三篇
主题德育活动

在学校思政教育活动中，德育活动是最重要的方式之一。学校要围绕理想信念、社会主义核心价值观、中华优秀传统文化、生态文明和心理健康等教育内容，利用节气节日、仪式教育、校园节、班团活动、课后服务、兴趣小组、学校社团等载体，全面开展德育主题教育活动，促进学生形成良好的思想品德和行为习惯。

学校要依据《中小学德育工作指南》，创新思政教育活动途径，强化学校主题德育活动设计，精心策划主题德育活动，不断创新德育活动载体，强化道德实践、情感培育和行为习惯养成，努力增强德育工作的吸引力、感染力和针对性、实效性，在扎实推进全员、全过程、全方位育人过程中提升思政教育质量与效果，打造学校活动育人的亮丽风景。

两校学子同唱民族团结歌
——"铸牢中华民族共同体意识"主题教育暨"六一"庆祝活动

一、活动背景

为了进一步贯彻落实习近平总书记在湖南考察时的重要讲话精神，做好与郴州市汝城县文明瑶族乡第一片小学的结对共建工作总结，长沙市芙蓉区东郡小学以"六一"国际儿童节为契机，以民族融合为内核，以思政课程为依托，对两校三年结对共建成果进行全面总结，对学生的德智体美劳等综合素养进行全面展示，淬炼郡园教育文化，持续深入擦亮东郡小学办学品牌，打造一个公平而又高质量的教育环境。

二、课程活动设计理念

本次"铸牢中华民族共同体意识"主题教育暨"六一"庆祝活动，课程活动设计理念将紧紧围绕"中华民族一家亲，童心共筑中国梦"这一主题展开，旨在通过丰富多彩的活动形式，引导孩子们深刻认识到中华民族是一个大家庭，每个人都是这个大家庭中不可或缺的一员。

课程活动将结合两校的实际情况，以思政课程为主线，将民族团结、中华优秀传统文化、社会主义核心价值观等内容有机融入其中。通过举办主题班会、演讲比赛、文艺演出等形式多样的活动，激发孩子们对中华民族的自豪感和归属感，培养他们爱国爱民的情怀。

同时，课程活动还将注重孩子们的实践能力培养。通过组织孩子们参与民族手工艺制作、民族歌曲演唱等实践活动，让他们亲身感受中华文化的博大精深，增强他们的文化自信心和民族自豪感。

此外，课程活动还将关注孩子们的身心健康和全面发展。通过举办体育比赛、趣味运动会等，锻炼孩子们的体魄，培养他们的团队合作精神和竞争意识；通过组织艺术展览、书法比赛等活动，培养孩子们的艺术素养和审美能力。

三、课程活动目标

（一）深化民族团结教育

通过活动，使孩子们更加深刻地认识到中华民族是一个大家庭，每个民族都是这个大家庭中不可或缺的一员。增强他们对民族团结的认识，培养孩子们对多元文化的尊重和包容心态。

（二）传承中华优秀传统文化

通过展示和体验中华优秀传统文化的魅力，激发孩子们对传统文化的热爱和兴趣，培养他们的文化自信和民族自豪感。

（三）培养社会主义核心价值观

通过活动，引导孩子们树立正确的价值观，培养他们爱国爱民的情怀，让他们成为具有高尚道德情操和良好行为习惯的新时代少年。

（四）促进全面发展

通过多样化的活动形式，锻炼孩子们的体魄，培养他们的艺术素养和审美能力。

四、活动设计与实施

（一）确定活动主题

中华民族一家亲，童心共筑中国梦。

（二）第一阶段："党史润童心　三年共成长"两校共建成果展

"三年携手同行，郡园一片情深"两校共建成果展在迎宾大道举行。一个个红色脚印记载着2020年至2023年两校心手相牵的坚实历程和奋进篇章。"使命初心""共绘蓝图"彰显着各级领导三年来对两校师生的亲切关怀。"主题教育""研学之旅"记录了在长沙市爱心基金的资助下，两校孩子三年牵手六一的难忘情景。"援校支教""师友共进"展示了两校老师切磋教学技艺，提升教学技能的美好情谊。东郡小学派出四名老师驻地支教。

（三）第二阶段："中华民族一家亲　童心共筑中国梦"六一庆祝活动（集中展示部分）

（1）视频回顾两校师生共荣共进的教育情谊和幸福成长的旅程。东郡小学校长深情致辞《写给两校孩子的一封信》。

（2）举行捐赠仪式，为第一片小学的孩子们赠送学习用具。

（3）进行了六一表彰，为获得长沙市足球四级联赛乙组冠军的东郡小学足球队员们颁奖。

（4）文艺演出。

开场舞《向往》、二年级《民族欢歌》、四年级《民族游戏　快乐童年》、一年级民族童谣《月儿弯弯》生动地展现了不同民族文化的魅力，孩子们从演出活动中了解到不一样的民族风情。三年级诗朗诵《如梦中国红》铿锵有力，动人心弦。六年级书法舞台秀《水墨兰亭》将东郡深厚的书法文化如诗般描绘，舞台上孩子们用墨韵展现了中华民族五千年来经久不衰的精神力量。

支教守初心，育人为使命，远赴瑶族乡的四位支教老师深情朗诵《多年后，我会想起》，他们用实际行动谱写的别样青春感动了在场无数师生。

五年级《石榴红了》《爱我中华》唱响校园，寓意着56个民族血脉相连，携手并肩，像石榴籽一样紧紧抱在一起。两千多名师生和第一片小学的孩子们一起舞动着手中的红旗，用最美的声音歌唱民族团结一家亲的情谊。

（四）第三阶段："民族融合乐　共绘中国红"——体验式思政教育现场争章活动

1. 体验思政课堂的魅力——争思政章，每班研发民族思政课程

全校41间教室，每间教室代表着一个民族，每个年级研发自己的民族文

化主题："英雄系列""手工系列""建筑系列""习俗系列""节日系列""美食系列"各有侧重，学生自主创意，精心布置，通过DIY手工创作、板报设计、视频、图片等方式向前来游玩的同学们生动呈现了各具特色的民族风情。学生在民俗与劳动、艺术相结合的项目中闯关、体验，争得"团结章"，感受别样思政课堂的快乐，加深了对少数民族的了解，增强了对中华优秀传统文化的认同感，进一步铸牢中华民族共同体意识。

一年级：民族英雄系列

二年级：民族手工系列

三年级：民族建筑系列

四年级：民族习俗系列

五年级：民族节日系列

六年级：民族美食系列

班级民族安排表

班级	民族	班级	民族	班级	民族
一（1）班	哈尼族	三（1）班	佤族	五（1）班	裕固族
一（2）班	景颇族	三（2）班	鄂伦春族	五（2）班	藏族
一（3）班	赫哲族	三（3）班	壮族	五（3）班	普米族
一（4）班	土族	三（4）班	回族	五（4）班	塔吉克族
一（5）班	乌孜别克族	三（5）班	土家族	五（5）班	哈萨克族
一（6）班	阿昌族	三（6）班	满族	五（6）班	独龙族
一（7）班	德昂族	三（7）班	塔塔尔族	五（7）班	侗族
二（1）班	蒙古族	四（1）班	布朗族	六（1）班	俄罗斯族
二（2）班	彝族	四（2）班	高山族	六（2）班	门巴族
二（3）班	维吾尔族	四（3）班	汉族	六（3）班	仫佬族

续表

班级	民族	班级	民族	班级	民族
二（4）班	傣族	四（4）班	羌族	六（4）班	傈僳族
二（5）班	朝鲜族	四（5）班	基诺族	六（5）班	纳西族
二（6）班	瑶族	四（6）班	白族	六（6）班	鄂温克族
二（7）班	苗族	四（7）班	锡伯族		

2. 学校思政课程体验系列：音乐思政课堂《唱响队歌，致敬英雄》

在队室音乐思政课堂《唱响队歌，致敬英雄》为学生开放。操场主舞台管弦乐演奏《心中进行曲》，模特表演《东郡民族之旅》，朗诵《红色小歌仙》《那一只蟋蟀》，民乐《爱我中华》吸引着观众们驻足。

（五）第四阶段："读行芙蓉魅力 传承红色文化"——主题研学活动

最美的课程在路上。本次活动在长沙市青少年发展基金会、芙蓉区教育局、芙蓉区东郡小学的爱心支持下，瑶乡58位师生还走进湖南省博物馆、岳麓书院、橘子洲头、隆平水稻博物馆，了解伟人故事，感受红色湖湘文化，传承红色基因，树立远大理想。

（六）第五阶段："重走长征路 薪火永相传"——主题研学活动

东郡小学研学团队踏上红色热土，来到郴州市汝城县文明瑶族乡开展"重走长征路 薪火永相传"主题研学活动，和第一片小学的孩子们在节日当天同庆六一。

五、活动课程特色与效果

（一）课程特色

1. 民族文化融合

活动课程注重民族文化的传承与融合，通过展示不同民族的特色，使学生在参与中感受到中华民族的多元一体。课程涵盖了民族英雄、民族手工、民族建筑、民族习俗、民族节日、民族美食等多个方面，让学生在轻松愉快的氛围中学习民族知识，增强民族自豪感。

2. 思政教育创新

活动课程将思政教育融入各个环节，通过形式多样的节目展示，让学生在欣赏艺术表演的同时，感受到爱国主义、民族精神等核心价值观的熏陶。课程中的思政课堂体验活动，让学生亲身参与，深化对思政教育的理解和认识。

3. 体验式学习

活动课程采用体验式学习方式，让学生在亲身参与中感受、学习和成长。无论是民族手工制作、民族舞蹈表演还是思政课堂体验，都强调学生的主动参与和实践操作，提高学生的动手能力和综合素质。

（二）活动效果

1. 增进民族团结

通过活动课程的开展，学生对不同民族的文化有了更深入的了解和认识，增强了民族间的交流与互动。学生在参与中感受到中华民族的多元一体，增强了民族团结与和谐共处的意识。

2. 提升综合素质

活动课程不仅注重知识的传授，更强调学生的综合素质培养。通过参与各种活动，学生的动手能力、协作能力、沟通能力等得到了锻炼和提升，为学生的全面发展奠定了坚实的基础。

3. 强化思政教育效果

活动课程中的思政教育元素深入人心，使学生在欣赏艺术表演的同时，深刻感受到爱国主义、民族精神等社会主义核心价值观的内涵和意义。学生在参与中受到潜移默化的影响，思政教育的效果得到了有效强化。

六、活动课程反思

本次东郡小学的艺术节目及体验式思政教育实践课堂现场争章活动，整体上取得了显著的成果，但在反思过程中，我们也发现了一些可以进一步改进和提升的方面。

（一）在活动组织方面

虽然我们已经对各个环节进行了周密的安排，但在实际操作中，仍有一些细节问题需要注意。例如，在节目排演人员安排方面，应更加明确责任分工，确保每个环节都有专人负责，避免出现疏漏。同时，在争章活动的组织过程中，我们也需要进一步完善活动规则，确保活动的公平性和有效性。

（二）在课程内容方面

尽管我们已经涵盖了民族文化的多个方面，但在深度和广度上仍有提升空间。我们可以进一步挖掘民族文化的内涵，通过更丰富、更生动的形式展现给学生。此外，在思政教育方面，我们可以进一步结合时事热点，将思政教育内容与时俱进，更好地引导学生树立正确的价值观和世界观。

（三）在参与体验方面

我们虽然注重学生的参与和体验，但在互动性和趣味性方面还可以进一步加强。例如，在民族手工制作和舞蹈表演等环节，我们可以增加更多的互动环节，让学生更加积极地参与到活动中来。同时，我们也可以设计更多富有创意性和趣味性的活动项目，让学生在轻松愉快的氛围中学习成长。

综上所述，本次活动虽然取得了一定的成果，但仍有改进和提升的空间。我们将认真总结经验教训，不断完善和优化活动方案，为今后的活动开展奠定更加坚实的基础。

传统节气中的革命精神教育

——清明跨学科主题思政实践活动

一、活动背景

在全球化与信息化浪潮席卷之下,传统文化教育的价值越发彰显出其重要性。清明节,作为我国历史底蕴深厚的传统节日,蕴含着博大精深的文化内涵与源远流长的民族精神。此次东郡小学所举办的清明跨学科主题思政实践活动,旨在将思政教育深度融入传统文化教育之中,以期让学生在亲身参与中深刻体验传统文化的独特魅力,从而进一步坚定文化自信,激发民族自豪感。

活动巧妙地将不同学科的知识与方法进行有机整合与融合,帮助学生打破学科之间的固有壁垒,培养其具备跨学科的学习能力与创新思维,更深入地探寻清明节的起源、习俗及其所蕴含的深刻意义,进而全面理解中华民族优秀的道德传统与精神风貌。

此外,本次实践活动还注重引导学生关注社会、关爱他人,通过实际行动培养他们的社会责任感与公民意识,为其成长为具有担当精神的未来社会栋梁奠定坚实基础。

二、课程活动设计理念

东郡小学清明跨学科主题思政实践活动以"清明雨上,追光思故"为主题,充分融合了科学探索、语文文学、书法艺术、综合实践与思政教育等多个学科领域，让学生在多样化的活动中深入体验清明节的传统文化，同时锻炼其跨学科学习与综合实践的能力。

（一）研究式学习

在科学探索环节，学生将开展对清明节自然现象的观察与研究，了解春雨对植物生长的影响，探究清明时节的气候变化规律，从而增强对自然科学的认识与兴趣。在语言文学方面，学生将通过诵读古诗词、撰写清明节日记等方式，感受古代文人墨客对清明节的独特情感与描绘，提升自己的文学素养与表达能力。

（二）体验式学习

书法艺术环节将引导学生领略清明书法作品的韵味与魅力，通过临摹、创作等形式，学习书法的基本技巧与要领，培养对书法艺术的热爱与欣赏能力。在综合实践活动中，学生将分组开展清明主题的手抄报制作、清明节习俗调查等活动，通过动手实践，加深对清明节传统文化的理解与体验。

（三）合作式学习

思政教育贯穿整个活动始终，通过引导学生思考清明节的文化内涵、价值意义，以及如何在现代社会中传承与发扬这一传统文化，培养学生的文化自信与爱国情怀，促进他们全面发展与健康成长。

三、课程活动目标

东郡小学清明跨学科主题思政实践活动充分利用了语文、科学、艺术等学科的知识资源，深入挖掘清明节这一传统节日的文化内涵。在语文领域，通过学习古诗词、了解历史典故，来领悟清明节背后的深厚文化底蕴。在科学领域，通过观察自然现象、探究气候变化，来认识清明节的自然属性。在艺术领域，通过书法、绘画等形式，来表达对清明节的理解和感悟。

四、课程活动设计与实施

清明节，作为传统的重要节日，承载了人们对于逝去亲人的深切怀念与无尽哀思。为了引导同学们更好地了解清明节的内涵，缅怀先人，学校精心策划了一场综合实践跨学科活动。活动包含"追问""追思""追寻""追溯""追光"五个环节,并巧妙地融合了科学探索、语言文学、书法艺术、综合实践与思政教育。让大家深入了解清明节的传统习俗,追思逝去的亲人,书写家训以传承家风,以及缅怀为国家和人民作出巨大贡献的先烈。

本次活动采取自愿参加的方式,希望同学们能积极参与,并通过人人通上传作品,大队部将为优秀的实践作品颁奖,并颁发"传承章""立志章""立德章"。

(一)组织动员

学校将通过班会、校园广播、微信公众号等多种渠道,对清明跨学科主题思政实践活动进行广泛宣传,动员全体同学积极参与。各班班主任将作为活动的指导者和监督者,负责引导同学们完成活动任务,并及时反馈活动进展。

(二)课程展示

1. 追问:清明节气我来探

(1)同学们,关于清明节的出行安排,想必大家已有所考虑。值得一提的是,历年经验告诉我们,清明节期间往往伴随有雨水的降临,正如唐代诗人杜牧所描绘的"清明时节雨纷纷"那般景象。科学老师就要考考大家了,为什么清明节总会遇到下雨呢?请大家查找资料,从节气变化、天文、地理、气候等方面进行了解。

(2)科学老师提供清明节气的相关知识资料,指导同学们如何查找资料,如何从节气变化、天文、地理、气候等方面了解清明节的天气特点。同学们需完成一份关于清明节气的探究报告,并上传至人人通平台。

2. 追思:清明诗歌我来诵

(1)清明时节万物生长,到处一派清新明丽的动人景象,这一天既有追念先贤的感伤情怀,也有踏春赏景的美好气氛。作为我国传统节日,古往今来,历代文豪不惜笔墨描写,留下了不少经典诗词,用诗词寄托哀思,抒发情感。请你选择喜欢的一首诗,可以工整规范地书写下来,或者录制一段清明节古诗词的诵读视频，让我们走进经典，去感受清明的独特魅力。

（2）语文老师提供与清明节相关的经典诗词，指导同学们如何诵读和书写。同学们需选择一首喜欢的诗词进行诵读或书写，并录制视频或拍照上传至人人通平台。

3. 追寻：家风家训我来写

（1）家风家训，是家族成员共同遵守的行为准则和道德规范。它包含了家族的价值观、道德观和行为方式，是家族文化的精髓所在。在清明节这个特殊的时刻，让我们一起追寻自己家族的家风家训，了解关于它的故事后，将它用笔墨书写出来，悬挂在我们的家中。或者，我们还可以学习一些名人的家风家训，尝试用毛笔将它临摹或创作出来，写成漂亮的书法作品。优秀作品可在特设展区进行展览哦！

（2）书法老师将提供家风家训的书写指导和参考素材，指导同学们如何书写家风家训。同学们需完成一幅家风家训的书法作品，并上传至人人通平台。同时，综合实践老师将指导同学们绘制家族谱系，并提供绘制工具和相关资料。

4. 追溯：家族谱系我来绘

（1）每年清明时节的祭扫，提醒我们不要忘祖，同学们，你知道什么是家谱吗？你对自己的家族有了解吗？中国人自古重视家的根系源流，寻根问祖，饮水思源，不忘血脉传承，不忘祖宗先人。而家谱，刚好起着承载伦理规范、塑造人格精神、维系社会秩序的作用。家谱里，流淌着中国人的血脉。

（2）请你在爸爸妈妈的引导下，深入了解自己家族的历史，追溯先辈们的足迹，绘制一份属于自己的家谱。也可以选择一位历史名人，研究其家族背景，探寻其中涌现出的杰出人物，并以思维导图的形式，将其家族谱系呈现出来。这不仅是对历史的尊重，更是对家族传统的传承与弘扬。

5. 追光：英雄故事我来讲

习近平总书记指出："一个有希望的民族不能没有英雄，一个有前途的国家不能没有先锋。"对英烈的祭扫纪念活动，是缅怀英烈、崇尚英烈，开展爱国主义教育，传承红色基因的重要方式。

6. "2024·铸魂·清明祭英烈"云祭扫

（1）"云"瞻仰烈士纪念碑，敬献花篮。点击进入云祭扫献花模块，瞻仰纪念碑，为烈士敬献花篮，寄托哀思。

（2）"云"学习英烈事迹，致敬英烈。点击进入网上纪念堂"云端"学习长沙籍烈士生平简介、烈士事迹等，为烈士献上一束鲜花，致敬烈士。

（3）"云"参观纪念设施，祭奠英烈。点击进入烈士纪念设施模块，观看烈士陵园VR实景展示，了解长沙市内烈士纪念设施的相关信息。观看长沙籍烈士的祭扫视频，跟随陵园工作人员为烈士献花、默哀、擦洗墓碑，寄托哀思。

7. 红色教育基地

（1）队员们可以前往烈士陵园及红色革命教育基地、场馆开展献花、宣誓等文明祭扫活动，表达对革命先烈的缅怀之情。

（2）完成后拍照记录，并写下自己的感受。也可以通过阅读红色书籍，了解毛泽东、彭德怀、杨开慧等湖湘革命先烈的故事，讲述一位先烈的故事，录制成小视频。

（3）细雨如丝，轻轻绕指，让我们在慎终追远、缅怀先辈的情怀中认知传统、尊重传统、弘扬传统，感恩生活的馈赠，拥抱这美好的时代。

（三）作品收集与展示

活动结束后，各班收集同学们的作品，并筛选出优秀作品进行展示。展示形式包括校园展览、线上展示等，以让更多人了解同学们的活动成果和心得体会。

（四）总结表彰

学校将根据同学们的作品质量、参与程度和创新性等方面进行综合评价，并颁发相应的奖项和荣誉证书。同时，学校还将对活动进行总结和反思，以便更好地开展今后的跨学科主题实践活动。

通过本次清明跨学科主题思政实践活动的实施，相信同学们能够更深入地了解清明节的文化内涵和传统习俗，同时也能够在实践中提升自己的跨学科学习能力和创新思维能力。

五、课程活动实施反思

本次清明跨学科主题思政实践活动，不仅让同学们在亲身体验中感受到了传统文化的魅力，更在探究、追思、追寻、追溯、追光的过程中，深刻领悟了清明节的文化内涵和精神实质。同学们不仅了解了清明节的起源与习俗，还通过诗词诵读、家族谱系绘制、革命先烈事迹学习及实地祭扫等活动，传承和弘扬传统文化，增强了家族认同感与爱国情怀。此次活动不仅丰富了同学们的知识与技能，更在心灵深处留下深刻印记，激励他们为实现民族复兴而努力奋斗。

附：活动评价量表

评价维度	评价标准
探究能力	能否准确查找并整理与清明节气相关的知识资料
	是否能从不同角度（如天文、地理、气候等）全面理解清明节的天气特点
	探究报告是否条理清晰、内容充实，能否体现出独立思考和深入探究的精神
文化传承	能否准确诵读或书写与所选清明节相关的经典诗词，展现传统文化韵味
	能否理解诗词中的情感与意境，并在诵读或书写中表达出来
	是否通过活动增强了对传统文化的兴趣和认同感
家风家训	是否能正确书写家风家训，字迹工整、清晰
	能否准确理解家风家训的内涵与意义，并在书写中体现出来
	通过家风家训的学习与书写，是否对家族传统有了更深刻的认识和尊重
家族历史	能否通过查阅资料和采访家人，全面了解家族历史，并绘制出清晰的家族谱系
	家族谱系是否包含了足够的信息，如先辈姓名、生卒年月、事迹等
	通过绘制家族谱系，是否增强了家族认同感和归属感

续表

评价维度	评价标准
革命精神	能否深入了解所选革命先烈的事迹，理解其精神内涵
	故事分享视频是否内容真实、情感真挚，能够感动人心
	通过学习革命先烈事迹，是否增强了爱国情怀和民族精神
团队合作与创新能力	在活动过程中，是否积极参与团队讨论与合作，共同完成任务
	能否提出新的想法和建议，为活动增添亮点和特色
	整体表现是否体现出良好的团队合作精神和创新思维能力

在红领巾宣讲中厚植红色基因

——"学习新思想　做好接班人"少先队主题宣讲活动设计

一、活动背景

"红领巾宣讲员"是面向广大少年儿童深入开展党史学习教育，厚植广大少年儿童爱党爱国爱社会主义的情怀而开展的一项活动。为深入学习宣传贯彻习近平新时代中国特色社会主义思想和党的二十大精神，落实立德树人根本任务，我们开展"红领巾宣讲员"活动，始终坚持育人为本、德育为先，大力培育和践行社会主义核心价值观，不断完善中小学德育工作长效机制，全面提高中小学德育工作水平，为中国特色社会主义事业培养合格建设者和可靠接班人。《中小学德育工作指南》明确提出，要做好中华优秀传统文化教育。开展家国情怀教育、社会关爱教育和人格修养教育，传承发展中华优秀传统文化。"红领巾宣讲员"是新一代传统文化的解说者，是新一代传统文化的解读者，更是新一代传统文化的弘扬者，少先队员们在讲解实践中，不断总结经验，提升自己的讲解水平，为传播文化、弘扬精神贡献自己的力量。

本次活动通过开展宣讲员竞选，要求少先队员们通过阅读《平语近人》《做好新时代接班人》等书籍，全程脱稿，语言要求自然流畅，感情饱满，着装得体大方，注意仪表仪态，讲好红色故事，传承好传统文化，弘扬好红色精神。针对学生的个体差异性，做好相关内容培训，让语言表达能力强的孩子爱上舞台，让胆小内向的孩子变得更加自信大方，让每一个孩子都能尽情展示自己，让少年儿童自信大方地在舞台上闪闪发光。

二、活动目标

引导学生紧跟时代步伐，聆听时代声音，学习新思想，做新思想的传播者。培养小队员们从小学党史、听党话、感党恩，厚植爱党、爱国、爱社会主义的情感。引导青少年把爱国爱家的认知、情感和意志转化到实际行动上来，努力成为担当民族复兴大任的时代接班人。

三、活动内容

（1）发布"召集令"。
（2）做字正腔圆的宣讲员。
（3）做观点明确的宣讲员。
（4）做最棒的宣讲员。

四、课程活动设计与实施

（一）发布"召集令"

为全面贯彻习近平新时代中国特色社会主义思想，落实立德树人根本任务，培养学生良好思想品德和健全人格，丰富校园文化生活，锻炼学生语言表达能力，现需要召集一批优秀的宣讲员，紧扣"学习党的二十大、永远跟党走、奋进新征程"等主题，充分运用相关参考书目的内容（推荐书籍：以"红色"书刊、"红色"文章为阅读重点，原则上从《长沙市中小学生阅读指导目录》选择书籍；推荐阅读《做好新时代接班人》《平语近人》《新时代爱国主义教育》丛书等书刊），使用标准规范的普通话，进行主题宣讲。让我们来做一场现场选拔吧。

（二）活动一：我是字正腔圆的宣讲员

（1）出示易读错或难认的字词。
（2）出示长句子，指导学生注意长句子的停顿。
（3）出示绕口令，引导学生将每一个字读准确。

（三）活动二：我是观点明确的宣讲员

（1）明确主要观点：从阅读的书籍中提炼自己的主要观点进行宣讲。

（2）梳理宣讲以下内容。

①红色故事我来讲。

立足党史、新中国史、改革开放史、社会主义发展史、中华民族发展史以及湖湘英雄人物史，讲好红色故事，让红色精神代代相传。

②生态故事我来讲。

立足生态文明建设，推进绿色低碳发展，介绍湖湘地区依托绿水青山打造的生态产业，也可以立足以国家公园为主体的自然保护地体系建设和生物多样性，讲好生态保护治理方面的巨大成就故事。

③乡村振兴故事我来讲。

围绕乡村振兴主题，尤其在乡村振兴示范村、农业现代化先行区中的体现，通过身边小故事讲好湖湘地区发展成就故事，也可以立足社会先进人物，通过了解全国乡村振兴青年先锋，讲先进故事，树优秀典范。

④科技故事我来讲。

围绕科技创新主题，讲述自己对科技发明创造作品、科学创新故事及科学家精神的认识和感受，也可以立足中国科学院院士，讲先进故事，弘扬科学家精神，树立"科技报国、科技强国"的远大理想。

（四）活动三：我是最棒的宣讲员

通过前期活动的培训，以及内容的梳理，组织"红领巾宣讲员"竞选，组织队员们紧扣"学习新思想，做好接班人"主题，进行精心准备，提醒队员们宣讲时要声情并茂，学会通过一个个感人的故事、一句句朴实的话语、一声声真情的告白引起听众的强烈情感共鸣。在自己亲身体验宣讲、观看别人宣讲的过程中，学会如何做一名优秀的"红领巾宣讲员"。

五、活动评价

本课程在评价方式上采取的是竞赛性评价方式，如下表所示。

评价项目	评价要点
时间 （10分）	准确把握宣讲时间，宣讲时间不超过5分钟，时间太短或超时要酌情扣分
宣讲内容 （30分）	①取材思想内容紧紧围绕主题，观点正确鲜明，内容充实具体 ②讲稿结构严谨，构思巧妙 ③宣讲内容来自推荐书籍内容，能结合自己的实际体验谈体会
语言表达 与技巧 （30分）	①精神饱满，能巧妙地运用手势动作 ②表达准确、自然、流畅 ③语言技巧处理得当，语速恰当，语气语调随讲稿内容起伏有变化，能吸引听众的注意力
普通话 （20分）	①普通话标准 ②语言规范，吐字清楚，声音洪亮圆润
精神面貌 （10分）	着装端庄大方，举止自然得体，具有较强的感染力，营造良好的宣讲氛围

六、活动反思

为教育引导广大少先队员听党话、跟党走，用实际行动把红色基因一代代传下去，我们开展"红领巾宣讲员"活动，以此激励少先队员们爱党爱国，增强少先队员的使命感和责任感。从讲好普通话，到指导学生提炼观点，有条理地进行宣讲，引导孩子们以故事为形式，以知识为载体，通过"小切口"讲好"大故事"，采用个性化讲述、故事演绎、思想感悟等多形式相结合的方式，让每一个孩子的宣讲都能深入人心，通过一个个层层递进的活动，每一个孩子都能有一些小突破。

本次活动也存在一些不足，在开学之初，如果结合学校德育处每月的主题制定宣讲主题，月月一主题，周周一宣讲，让少先队员们在一次次宣讲活动中对少先队组织更有归属感，更加坚定地听党话，跟党走，努力实现德智体美劳全面发展，为中华民族伟大复兴贡献力量。在今后的少先队活动中，我们要继续发扬"红领巾宣讲员"这个阵地的引领作用，更新教育理念，改进教育方法，克服教育弊端，坚持以人为本，充分认识、加强少先队员们思想道德建设的重要性和紧迫性，采取扎实有效的措施，努力开创思想道德建设工作的新局面。

在神勇"小警察"体验中成长
——警察职业课程体验活动设计

一、活动背景

警察,这个字眼对于孩子们来说既熟悉又陌生,在他们小小的世界里,警察是一群"无所不能"的存在:在面临困难的时候第一时间向他们求助,在抓捕违法犯罪者时他们威风凛凛。在我们的生活中,警察在各方面保护人民群众的生命及财产安全,然而不同的警察有不同的职责,为了让队员们更进一步了解警察职业,同时为了进一步加强孩子们的自我保护意识和遵纪守法意识,提高小学生的安全意识和自我防范能力,增进对警察这个特殊职业的了解,进一步了解警察的职责、揭秘警用装备等相关常识,我们开设了"神勇"小警察特色课程,为培养学生的服务意识和责任意识奠定良好的基础,为培养学生独立、勇敢、坚强、自信的良好素质起到积极的教育引导作用,进一步增强学生的法治意识、纪律意识和安全意识。

二、活动目标

通过活动可以进一步加强少年儿童的安全教育,切实提高他们的自我保护能力以及团队协作能力。通过引导学生了解警察的工作内容及与职业相关的知识,体会警察职业的辛苦,激发学生的责任意识。

三、活动准备

（1）教具准备。准备好警察职业的警用装备、警察执法视频。

（2）学生准备。活动前，同学们自主采用阅读书籍、线上查询等方式收集相关资料，初步对警察的不同种类、不同工作职责以及如何正确拨打110进行了一定的了解。

（3）课程内容准备。通过开班仪式、结营仪式、授勋仪式、成果会演等形式，让小警察们在特色课程中感受职业的魅力，在荣誉中成长。

四、活动内容

（1）讲座安排。邀请警察学院的老师进校讲座，了解与警察职业相关的基本知识，包括警察制伏坏人的有效警用装备，如各种警用枪支、伸缩警棍、警用催泪喷射器、手铐等。

（2）基础训练。要服从指挥，严守纪律，加强队列训练，做到动作标准化、统一化，牢记自己的位置，姿态端正、协调一致、精神振作。我们第一站将从孩子们的仪容仪表抓起，孩子们的成长蜕变由此开始。

（3）安全教育。危险判别、安全防卫、危机应对是学员成长过程中必修的生命安全教育课程，不仅可以提高学生的安全防范意识和安全守护技能，更能培养学生"人性向善、生活向美、能力向上"的优良品格。

（4）队列训练及日常管理知识培训。培养好学校的小警察队伍，不仅可以让小警察加入学校常规习惯管理的工作，发挥良好的榜样作用，让学生养成更好的秩序感，还能培养学生的社会责任感。

五、活动设计与实施

（1）邀请警察学院老师入校讲课。在警察学院老师的专业讲座中，了解了派出所值班室、监控室、禁毒办公室，知道了110报警、接警、出警等流程。同学们通过仔细观察、认真听讲可以学到许多在课堂上学不到的知识，懂得作为一名公安干警的神圣职责和辛苦。

（2）武器大揭秘。向全体学生介绍各种警用装备的功能用途，并演示使用方法和抓捕技术。

（3）安全伴你行。根据小学生的年龄和心理特点，以通俗易懂的语言，有针对性地讲解一些安全小案例，生活中的防范技巧，让同学们对危险有一定的了解，并意识到学会自我保护的重要性。

（4）队列训练，明确职责。通过建设一支"校园小警察"队伍，共同维护学校的秩序，增强学生的责任意识。他们的职责是协助值周教师做好校园内安全、纪律、卫生等工作，担负着维护校容、校貌，防止学生追逐打闹、乱扔垃圾等不文明行为，维护学校的安全与稳定，树立学校良好形象的光荣任务。

（5）开班仪式。让小警察们在警营中训练，在荣誉中成长。让所有学生带着角色完成小警察体验之旅，在其心目中植入警察之魂、英雄之梦、正义之力量。

六、活动评价

（1）观察记录。教师在整个活动过程中观察学生的参与度、合作态度和创造力等表现，做好记录，并及时进行活动情况反馈。

（2）成果展示。结合学校各项主题德育活动，让小警察积极参与到各项活动中，形成团队意识、责任意识，在活动中学会分工合作，共同管理。

（3）自我评价。鼓励学生对自己的表现进行评价，反思学习过程，并形成自己的反思报告。

（4）善于发现。小警察在参与活动的过程中发现校园存在的优点及不足，并提出建设性意见。

（5）教师点评。教师综合点评各组的表现，给出专业的建议和鼓励。

七、活动反思

"校园小警察"活动是旨在培养学生的责任感、法治意识和自我保护能力的特色教育活动，是激励学生成长的一项特色举措，通过安全常识、职业基础知识的相关培训，培养学生的爱国奉献思想、遵纪守法意识、恪守职责精神，教授孩子在紧急情况下求救和自救的意识方法。此外，通过角色扮演的方式增强学生的社会实践能力，也让班主任激发每一个孩子自身的潜能，利用学校这个大舞台，激励他们成长，培养孩子的正义感、是非观，让孩子们树立对人民警察的信任，对公共秩序的敬畏和对国家发展的责任感。

本次活动通过通俗易懂的方式让学生学习了相关的法律法规、交通安全知识等，也教授了基本的自我保护技能和紧急救护技能，学生通过警察角色扮演，在校园进行日常巡逻，共同维护校园秩序，学生在角色体验中提升了沟通协调和问题解决的能力，也让学生认识到作为公民应承担的社会责任，愿意为维护校园安全贡献力量。

本次活动也存在以下两个方面的不足：一是参与度不一。不同学生对活动的兴趣和参与度存在差异，应该设计多元化的活动形式，满足不同学生的需求。二是评价机制不够具体。缺乏有效的评价机制来衡量活动的成效，要定期收集师生意见和反馈，不断优化评价内容。

"校园小警察"活动不仅丰富了学生的课外生活，更重要的是在潜移默化中培养了学生的法治观念和社会责任感，通过这样的活动，学生能够在轻松愉悦的氛围中学到实用的知识和技能，为将来成为遵纪守法的公民打下坚实的基础。

良好协作发生在郡园剧场

——"阅读·郡园剧场"主题思政实践活动

一、活动背景

在当前的教育大背景下,国家强调德、智、体、美、劳全面发展的重要性,尤其注重学生品德修养和审美情趣的培养。传统的教学方式可能过于侧重知识的灌输,忽视了学生情感、审美和道德层面的培养。《中小学德育工作指南》指出,要精心设计、组织开展主题明确、内容丰富、形式多样、吸引力强的教育活动,以鲜明正确的价值导向引导学生,以积极向上的力量激励学生,促进学生形成良好的思想品德和行为习惯。学校以阅读课程为主体,通过绘本、童话、寓言和神话故事等文学形式,结合剧场表演等互动性强的活动,丰富学生的阅读资源,激发其想象力,培养其审美情感和道德情操。通过活动,学生在阅读、理解、表演的过程中,深化了对文学作品的感悟,同时通过角色扮演和团队合作,锻炼了社会责任感和团队协作能力。这一活动有助于帮助学生形成积极向上的世界观、人生观和价值观,为他们的健康成长和未来社会的发展奠定坚实的基础。

二、活动设计理念

本活动以生本教育理念为核心,旨在通过一系列精心设计的文学与表演艺术相结合的活动,促进学生的全面发展。本次活动设计融合了体验式学习,让学生在阅读书本、创作剧本、进行剧场表演等互动体验中,深化对文学作品的理解和感悟，同时培养他们的创造力、写作能力、口语表达能力和舞台表演能力。本活动还致力于培养师生终身读书的良好习惯，为学生的终身学习和精神成长打下坚实的基础。通过文学作品中的正面角色和道德冲突，培养学生的道德情操，促进他们的情感发展和增强社会责任感。

三、活动目标

通过角色扮演和剧场表演，提高学生的口语表达能力和自信心。鼓励学生在剧本改编和角色创造中展现个人创造力，同时培养写作能力。在集体活动中学会合作，培养团队精神和协作技巧。通过文学作品中的道德教育意义，引导学生理解并内化社会主义核心价值观，增强对民族文化的认同感，培养他们对本土文化传承和发展的文化自信。

四、活动设计与实施

（一）阅读与选材阶段

1. 阅读计划制订

利用假期、学校午读、课后服务、班队课等时间，指导学生通过多种阅读方法进行阅读，制订详细的阅读计划，包括阅读时间、地点和阅读内容等，进行丰富的阅读。

2. 阅读指导

通过阅读推进课，教师提供阅读指导，包括如何理解和分析文学作品。针对阅读文本进行分享，交流阅读方法及收获。

3. 阅读分享

利用阅读班队课时间定期组织阅读分享会，让学生分享阅读心得和感受。

4. 作品筛选

通过班级讨论，列出候选文学作品，然后进行投票选择，选出适合本班出演的书籍。

（二）剧本创作阶段

1. 剧本结构讲解

教师讲解剧本的文本特点及基本结构，包括人物、情节、对话等。

2. 创作指导

教师提供创作技巧、方法，如对话编写、情节设计等。

3. 小组合作

学生分组进行剧本创作，鼓励团队合作，根据每个同学的特点进行分工，教师适时进行方法指导。

4. 剧本评审

剧本创作结束后，组织开展班级剧本评审会，由教师和学生共同评审剧本，选出各组或班级出演的剧本。

（三）角色分配与体验阶段

1. 角色介绍

开展班级阅读分享活动，通过制作人物卡片、人物思维导图等方式了解每个角色的特点，教师强调角色准备的相关要求。

2. 角色竞选

组织角色竞选活动，让学生展示自己的理解和表演。

3. 角色体验

分配角色后，学生进行角色体验，如角色扮演游戏等。

4. 角色调整

老师根据学生排练情况，适时进行角色调整。

（四）道具与服装设计阶段

1. 环保意识教育

教师讲解环保的重要性，鼓励使用可回收材料。

2. 设计指导

利用网络资源提供道具和服装设计的基本指导和创意启发，开展跨学科活动，与美术、劳动老师一起合作指导学生进行设计。

3. 团队合作

学生分组设计和制作道具和服装。

4. 资源支持

教师和家长提供必要的材料和工具，根据情况适时指导。

（五）排练与指导阶段

1. 排练计划制订

指导学生合作制订详细的排练计划，包括排练时间表和排练内容。

2. 表演技巧培训

邀请音乐教师或校外专业老师对学生进行表演技巧培训。

3. 台词练习

采取多种形式，如"我爱记台词"等活动，组织台词练习，帮助学生熟悉台词和表达。

4. 角色走位

指导学生进行角色走位练习，确保舞台动作流畅。

（六）成果展演阶段

1. 展演准备

年级组教师一起确定年级展演日期、地点和流程。

2. 观众邀请

制作邀请函邀请家长、其他班级和学校领导观看，并通过网络直播的形式进行展演。

3. 媒体记录

安排专人负责活动摄影和录像，记录精彩瞬间。

4. 展演反馈

展演结束后，收集观众和参与者的反馈，用于改进未来的活动。

（七）其他

1. 活动宣传

制作海报和宣传视频，提高活动的知名度和参与度。

2. **安全措施**

确保所有活动都在安全的环境下进行，制定应急预案。

3. **家长参与**

鼓励家长参与活动，如提供资源支持或参与角色竞选等。

4. **评价与反馈**

设计评价体系，包括自我评价、同伴评价和教师评价，以促进学生的成长。

五、活动特色与效果（评价）

本次综合实践课程旨在通过一系列活动，提升学生的文学素养和表演技能，加强他们的思政教育。

（一）注重多维评价

本活动采用了自评、互评、师评和家长评等多元化评价方式，全面考查学生的参与度、创意表达、团队合作和价值观认同。过程性评价的重点放在学生在活动过程中的表现和成长，而非仅关注最终的表演成果，鼓励学生在参与中学习和提升。

本活动通过评选"最佳演员奖""最佳人气奖"和"最佳组织奖"等，增加了学生的参与感和荣誉感，激发了他们的积极性和创造性。这种评价和激励机制对于学生的自我提升和团队精神的培养起到了积极的推动作用。

（二）提升学生能力

通过阅读、剧本创作、角色扮演和剧场表演等环节，让学生深入理解文学作品，同时培养表演技巧。活动强调团队合作，鼓励学生相互支持和帮助，锻炼了学生的协作精神，提高了他们解决冲突和协调关系的能力。剧本改编和道具制作的过程激发了学生的创意思维，培养了他们解决问题的创新能力。

（三）思政融合创新

有效地将文学学习与道德教育相结合，通过文学的形式传递社会主义核心价值观，促进了学生的全面发展。活动的设计考虑周全，不仅关注知识的传授，更重视学生个性的发展和情感态度的培养。多元化的评价体系确保了评价的公正性和全面性，有助于学生认识自我、提升自我。

六、活动反思

在本次阅读结合思政综合实践活动课程结束后，教师、学生和家长的反思与反馈对于评估活动效果、发现不足以及规划未来改进具有重要意义。

整个活动充分考虑了学生的兴趣、认知水平和参与动机，未来的活动设计应更加注重激发学生的内在动机，确保活动内容与学生的实际生活紧密相连。学生的参与度达到了100%，真正激发学生的阅读与学习热情。在活动过程中，学生的阅读理解能力、团队合作精神、实践能力以及思政教育的内化程度都得到了提升。

此次活动，也有一些不足之处，如应当及时收集家长对活动的看法和建议，了解家长对孩子参与活动的满意度，以及对学校教育的期待和需求；加强与家长的沟通，让家长了解学校教育的方向和目标，同时吸纳家长的意见和建议，共同促进学生的全面发展；鼓励家长参与到活动中来，如通过家长会或志愿者的形式，增加家长对学校教育的参与度和支持度。

当然，在活动设计和实施过程中，我们应充分考虑学生个体差异，确保每个学生都能在活动中找到适合自己的位置；在活动中还要更加注重思政教育的融入，确保学生在享受阅读和表演乐趣的同时，能够接受正面的价值观引导；还可以加强对活动过程的记录和展示，通过媒体资料等方式保存学生的表现和成果，为未来的反思和改进提供依据。

让升旗仪式成为最美瞬间
——仪式教育活动设计

一、活动背景

升旗仪式作为学校每周一的必要活动,既是一项爱国主义教育,也是一种精神的传承。学校升旗仪式的主要目的是增强师生的国家意识,发扬爱国主义精神。如何让庄严的升旗仪式发挥其特点,我们主张融入地方文化特色。通过融合湖南的地方特色与历史故事,增强仪式的感染力与教育意义。

二、课程活动目标

(1)增强学生的国家意识和爱国情感。
(2)增进学生对湖南本土文化的认识和自豪感。
(3)提升集体凝聚力,展现新时代湖湘少年的精神风貌。

三、课程活动设计与实施

(一)准备阶段

1. 场地布置

在操场中央悬挂大幅湖南地图,四周摆放代表湖南文化特色的展板,如岳麓书院、橘子洲头、韶山毛泽东故居等。

2. 音乐选择

背景音乐选用湖南民歌《浏阳河》《洞庭鱼米乡》等,营造浓厚的地方文化氛围。

3. 旗手选拔

从各年级选拔优秀学生担任旗手,并提前进行湖南历史与英雄人物的故事培训。

(二)正式仪式

1. 集合

清晨的校园,全校师生统一身着整洁的校服,胸前佩戴着鲜艳的红领巾,怀揣着对新的一周的憧憬与希望,纷纷走向广阔的操场。操场上,随着背景音乐《浏阳河》的旋律缓缓流淌,全校师生迅速而有序地在指定位置列队站好,静待仪式的开始。这天的音乐特意选用了这首湖南经典民歌,不仅是为了迎接新的一周,更是为了让学生在熟悉的旋律中感受到家乡文化的温暖与力量。

2. 介绍旗手与中队特色

在全校师生的瞩目下,主持人走上前台,声音响亮而充满激情地开始介绍本周的升旗手。本周的升旗手来自五年级一班,是一位品学兼优的学生代表,主持人又介绍了这位旗手所在中队的特色——他们中队以"岳麓书香"为队名,寓意着学习岳麓书院的千年文化底蕴,鼓励队员勤奋学习,传承湖湘文化,发扬"吃得苦、霸得蛮、耐得烦"的湖南精神。通过这些介绍,不仅让全校师生对升旗手有了更深入的了解,也激发了大家对中队特色文化的认同与自豪。

3. 出旗

随着一声清脆的号令,操场上的气氛骤然变得肃穆而庄严。四位旗手身姿挺拔,表情坚定,他们分别是旗手和三位护旗手。旗手双手紧握国旗一角,护旗手分列两侧,他们沿着操场中央特别铺设的"湘江"跑道(以蓝色线条勾勒象征湘江)缓缓跑向升旗台。跑道两侧,同学们的目光紧紧跟随,仿佛在见证一次跨越时空的历史行进,那不仅是国旗的移动,更是湖湘儿女在历史长河中不屈不挠、勇于奋斗精神的象征。

与此同时,校乐队奏响了激昂的鼓号乐,那节奏分明、气势磅礴的乐声，如同湘江波涛，激励着每一位学子的心。当旗手们抵达升旗台，全场师生肃立，目光凝聚在那面即将升起的五星红旗上，心中涌动着对祖国的无限热爱与对未来的美好期盼。

4. **升国旗，唱国歌**

当旗手将国旗固定于升旗杆上，全体师生面向国旗，以最庄严的姿态肃立，静候这一神圣时刻的到来。随着扩音设备缓缓启动，激昂的《义勇军进行曲》在校园上空响起，五星红旗伴随着音乐的节奏，由三位护旗手协作缓缓升起。那一刻，每个人的目光都紧随那抹鲜红，心中涌动着难以言喻的自豪与敬畏。

在升旗的过程中，校园广播系统特别插入了湘籍英雄的录音片段，如伟大领袖毛泽东的豪迈演讲、刘少奇同志的深切寄语，这些声音穿越时空，与现场的国歌交响，使空气中弥漫着浓厚的爱国主义情感。学生在这份情感的浸润下，更加坚定了为国家繁荣昌盛而努力学习的决心。

5. **国旗下朗诵**

国旗升至顶端，国歌奏毕，校园内一片静谧，随后进入国旗下讲话环节。今日的国旗下朗诵主题定为"湖南的红色基因与当代使命"，旨在通过讲述湖南这片热土上的红色故事，激励学生传承革命精神，把握时代脉搏。本次讲话由同学们集体朗诵，首先回顾了湖南在近现代史上的光辉一页，从秋收起义到红军长征，从抗日战争到解放战争，湖南人民在中国共产党的领导下，书写了无数可歌可泣的英雄篇章。接着，聚焦于新时代的湖南，讲述了湖南近年来在科技创新、绿色发展、乡村振兴等方面的显著成就，尤其是长沙作为"智能之城"的崛起，以及在北斗卫星导航系统、超级计算机等领域取得的突破。

朗诵者们说："亲爱的同学们，我们脚下的这片土地，不仅承载着厚重的历史，更孕育着无限的未来。作为新时代的湖湘少年，我们不仅要铭记先辈们的英勇事迹，更要继承他们的遗志，勇担时代重任，用知识武装自己，用行动践行'吃得苦、霸得蛮、耐得烦'的湖湘精神，为实现中华民族伟大复兴贡献自己的力量。"讲话结束，全场爆发出热烈的掌声，学生的眼中闪烁着被点燃的激情与梦想,这份源自心底的感动与决心,将成为他们成长道路上最宝贵的动力。

6. 值周教师总结与表彰

地方文化展示结束后,值周教师登上主席台,对全体师生进行上周校园情况的总结。教师以鼓励与表扬为主,列举了上周校园内发生的积极事例,如班级间的互助合作、学生个人的优秀表现、环保活动的积极响应等,言语间充满了对师生共同努力的认可。随后,值周教师揭晓了上周"湘江之星"流动红旗的获得班级,伴随着激昂的音乐,获奖班级的班长自豪地上台领取流动红旗,全校师生报以热烈的掌声。这一环节不仅表彰了先进,也激励了其他班级继续努力,营造了积极向上的校园风气。

7. 集体宣誓

最后,全体师生在主持人的引导下,面向国旗,右手紧握拳头,齐声进行庄重的宣誓:"我是湖湘少年,我爱祖国,我爱湖南,我将以实际行动传承红色基因,为建设美丽湖南贡献力量!"誓言掷地有声,回荡在校园上空,每一位学生的脸上都写满了坚定与自豪。这不仅仅是一次宣誓,更是对学生心灵的一次洗礼,激励他们在未来的日子里,将爱国情怀转化为学习和生活的动力,为实现个人梦想和国家富强而不懈奋斗。

(三)活动后续

(1)主题班会:升旗仪式结束后,各班开展以"我心中的湖南"为主题的班会,分享个人感受,加深对家乡的了解与热爱。

(2)文化走廊:在校园内设立"湖湘文化走廊",展示升旗仪式上的照片、学生作品和湖南文化资料,形成持续的学习氛围。

(四)活动注意事项

(1)确保仪式的庄重性与教育意义,避免娱乐化倾向。

(2)加强前期准备工作,确保活动流程顺畅,各项展示内容准确无误。

(3)鼓励学生主动探索与学习,通过升旗仪式激发学生对家乡、国家的深厚情感。

四、课程活动特色与效果

（一）融入地域文化

本次升旗仪式活动的成功之处，在于巧妙地将仪式与湖南丰富的地域文化相结合，不仅让学生在庄严的仪式中受到爱国主义教育，更让他们在体验中深刻理解了湖湘文化的精髓，实现了从理论到实践、从抽象到具体的完美过渡，使升旗仪式超越了形式，成为一堂生动的地域文化教育课。

（二）互动体验

通过学生亲自参与升旗、聆听湘籍英雄故事、参与地方文化展示等活动，升旗仪式变成了一次全方位、多感官的学习体验。学生不再是被动的接受者，而是成为活动的主体，这种参与式的体验不仅增强了仪式的吸引力，更让学生在亲身体验中收获了知识，激发了对家乡文化的热爱与探索欲。

五、课程活动实施反思

（一）社会行动规范一致

涂尔干指出，仪式作为一种特定的行为方式，表达了某种行为的精神价值，而这种精神价值在于唤起一致的社会行动。作为传递一定社会规范的学校仪式教育活动，其行为与其所属社会的行动价值取向保持一致。

（二）提升学生认知水平

在学校场域中植入"仪式教育"理念，并用这一要素来浸润、感化学生，本质是要其自觉树立"自我养成"的意识，自觉践行"接班人"以及作为社会公民的行为规范，从而实现更高层次的"自育"与"自治"：无论身处何种场域、不管当下还是未来，其生活方式、行动逻辑和处事格式都要显示出集体价值观内在化的模态，坚守并捍卫社会主义核心价值取向。

（三）文化价值认同一致

认同是个体在情感或信念上与他人或其他对象联结为一体的心理过程。"五个认同"是学校实施"价值观念教育"的总体导向与根本方针，目的在于引领当代教育潮流。

（四）理想信仰高度一致

理想信仰是一个人的精神支柱，是维系一个民族和社会的稳定性、统一性与持续性的基本要素之一，也是构成国风、民风和民族性格的重要因素。中国特色社会主义新时代，作为"接班人"的少年儿童更需要对现实生活和社会文明有更高更深刻的认知与感悟，以不断提升自身理想信仰。从符号学的意义来看，"入队"仪式中的国旗、队旗、红领巾等"器物"符号，宣誓、呼号等"话语"符号，少先队队歌等"声音"符号，都集中展现了儿童不忘初心、牢记使命，努力学习、练就本领、接续奋斗，为共产主义事业奉献力量的崇高理想信仰。在新时代背景下，应当赋予学校仪式教育全新的内涵与使命，将仪式教育和中华民族伟大复兴这一崇高的梦想联系起来，引导儿童时刻准备着学习、做人与立志，时刻准备着践行社会主义核心价值观，时刻准备着为共产主义事业贡献力量。

把劳动教育融入"六一"庆祝活动
——劳动主题教育活动

一、活动背景

为了让孩子们的节日过得更加有意义,长沙市芙蓉区东郡小学联合郴州市汝城县文明瑶族乡第一片小学,以"六一"儿童节为契机,以劳动教育为主题,以思政课程为依托,对两校三年来结对共建所取得的成果进行全面总结。

两校将劳动作为主题融入"六一"庆祝活动中,以劳动教育课程为依托,引导全区少先队员争当先锋分子,从小树立正确的劳动观念,认识到劳动的价值和重要性,推动提高文明素养,传承传统美德,为实现中华民族伟大复兴而时刻准备着。同时,让孩子们参与到各种形式的劳动实践中,如手工制作、动手烹饪等,不仅可以锻炼学生的动手能力,还能让他们亲身体验劳动带来的成就感和快乐。

《中小学德育工作指南》明确提出,要加强劳动实践,在学校日常运行中渗透劳动教育,学校各班通过结合中国传统文化中的勤劳美德,开展学习传统手工艺的劳动体验活动,传承中华优秀传统文化。同时,通过劳动活动,让孩子们了解国家的建设和发展离不开每一位劳动者的辛勤付出,从而激发他们对国家和社会的热爱之情。

二、活动目标

让劳动教育融入"六一"庆祝活动中，让孩子们在活动中理解劳动的意义，培养热爱劳动、尊重劳动的良好品质，在轻松愉悦的庆祝活动中，明白劳动最光荣。在班级特色课程体验活动中，提升学生的动手能力，简单的制作、烹饪、清洁等劳动活动可以锻炼学生的劳动实践技能，鼓励学生在劳动中发现问题并解决问题。

为了更好地实现这些目标，我们可以设计一系列与劳动相关的游戏和体验活动，确保活动既有意义又充满趣味性，让孩子们在参与中学习，在实践中成长。

三、活动内容

（1）"劳动励心志　快乐伴成长""六一"庆祝活动。

（2）"读行红色芙蓉"主题研学活动。

（3）"劳动初体验　实践出真知"红领巾奖章——体验式思政教育现场争章活动。

四、活动设计与实施

（一）准备阶段

（1）确定活动主题为"劳动励心志　快乐伴成长"。

（2）对相关人员进行具体的分工部署，撰写活动计划。

（二）第一阶段：两校共建成果展

内容："半条被子"党史文化以及两校共建成果展。

（三）第二阶段："劳动励心志　快乐伴成长""六一"庆祝活动（集中展示部分）

1. 第一篇章：礼赞新时代　扬帆再远航

（1）主会场"六一"表彰庆祝活动在《郡园一片情》的主题宣传片中拉开序幕。视频捕捉了两校师生自建立友谊桥梁以来诸多的感人瞬间和惊喜变化，大家共同回眸两校共融共进的新征程。

（2）举行向郴州市汝城县文明瑶族乡第一片小学赠送《东郡小学品行涵养守则》和学习用品仪式，鼓励孩子们自立自强，勇于担当。

（3）进行隆重的芙蓉教育系统"六一"表彰颁奖，对全区优秀的少先队集体和个人予以表彰，旨在汲取榜样力量，树立先进典型。

2. 第二篇章：劳动励心志　欢乐庆"六一"

（1）盛大的开场舞《成长在祖国的怀抱里》沉浸式讲述了国家的风雨兼程，灵动的舞姿，欢快的音乐，现场庆祝活动热闹开场。

（2）明快的童声快板说唱《劳动最光荣》，东郡小学五年级的孩子用"小快板"传递正能量，绘声绘色赞劳动，展现了少年儿童强烈的劳动意识。

（3）三年级的创意服装秀《变废为宝》用最时尚的色彩、最摩登的舞步，展示了少年儿童绿色环保的劳动新理念。

（4）二年级的童声朗诵《田间诗韵》，用文化艺苑中经久不衰的瑰宝诉说着劳动的快乐。

（5）天地苍苍，乾坤茫茫，中华少年，顶天立地当自强，六年级孩子的音诗画《少年中国说》铿锵有力地振奋着民族的希望。

（6）一年级小朋友的劳动歌曲大串烧《禾下乘凉梦，我们来接棒！》，用动人的童声抒发了少年儿童追求梦想、报效祖国的雄心与壮志。

（7）声势浩大的校园合唱团与四年级孩子一起共同吟唱起那首熟悉的《悯农》，全场两千多名观众伴着《祖国有我》的动人旋律一起欢唱，现场活动在嘹亮的大合唱中落下帷幕。

（四）第三阶段："劳动初体验　实践出真知"红领巾奖章——体验式思政教育现场争章活动

（1）全校40间教室，以及校园多处的劳动游园项目蓄势待发。整理系列、手工系列、编织系列、果蔬系列、缝补系列、民族美食系列应有尽有，淋漓尽致地展现了劳动人民的勤劳与智慧。

一年级：整理系列

二年级：手工系列

三年级：编织系列

四年级：果蔬系列

五年级：缝补系列

六年级：民族美食系列

（2）教室里，孩子们分工合作、精心布置，通过DIY手工创作、海报、视频、图片等直观方式，向前来游玩的同学们生动呈现了劳动项目的相关内容。

（3）学校大队部也精心为孩子们布置了缤纷的稻作文化展示区和劳动项目体验区，风车、簸箕、老式打谷机……极具年代感的稻作文化用具吸引了众多参观者驻足。挑箩筐、运食粮、包饺子等劳动项目也极富魅力，吸引力十足。

（五）第四阶段："读行红色芙蓉"主题研学活动

"六一"儿童节来临之际，在长沙市青少年发展基金会、芙蓉区教育局、芙蓉区东郡小学的共同努力下，为了拓展汝城县文明瑶族乡中心小学和第一片小学孩子们的视野，第一片小学二年级孩子走进湖南省博物馆、岳麓书院、橘子洲头、隆平水稻博物馆，了解伟人故事，感受红色湖湘文化，传承红色基因，树立远大理想。

五、活动特色与效果

劳动主题的"六一"儿童节庆祝活动是一种寓教于乐的方式，它结合了节日庆典与劳动教育理念，通过劳动体验式项目，让孩子们在实践中感受劳动的快乐。本次活动有以下三个亮点。

（一）体验式学习

分年级设置劳动主题，分别有整理系列、手工系列、编织系列、果蔬系列、缝补系列、民族美食系列，设置各种体验式课程活动，让学生在简单的动手操作中培养劳动意识。

（二）文化传承

在体验课程中有棕编课程、认识传统劳动设备等内容，展示了传统的民间劳动文化，让孩子们感受了中华传统劳动文化的魅力。

（三）创意展示

将学生在体验课程中完成的精美作品进行展览，让他们分享自己的劳动成果，增强劳动的自信心和成就感，感受劳动的乐趣。

通过这些特色活动，不仅能让学生度过一个愉快而有意义的儿童节，还能在无形中培养他们的劳动观念和社会责任感，为学生未来的成长打下良好的基础。

六、活动反思

（一）评价机制方面

本次体验式活动课程针对全校同学进行，设置了通关卡，邀请家长志愿者参与本次活动的评价，没有针对本次活动评价对志愿者进行专题培训，评价细化不够。

（二）活动组织方面

活动的组织涉及学校各个部门之间的合作，它结合了各部门的资源和优势，各部门应该共同策划和实施活动，在活动进行过程中还存在一些细节，应该分工明确，活动方案要细致，才能确保活动的顺利进行。

"六一"国际儿童节是一项非常重要的儿童教育活动，它不仅能为孩子们带来快乐，还能促进家长和社会对儿童教育的理解和支持，因此在活动的前期筹备和策划过程中需要精心准备，才能形成正面的活动影响力，打开新的教育格局。

古诗文韵律操中的艺术美
——跨学科背景下的学科思政教学活动

一、活动背景

为更好地传承中华民族传统文化，了解古诗词里的人文意境，探寻古诗词里的思政教育，从小学生必背古诗文75首、新大纲80首、语文教材内古诗词中，选择与民族自豪、家国情怀、英雄事迹、志怀高远、风土人情、季节变化等相关的经典古诗词，创编不同主题的古诗文韵律操。从语文、体育和音乐三个学科进行跨学科合作，通过语文教会学生诗词，体育创编动作和音乐寻找韵律，创编适合全校学生的系列古诗文主题韵律操任务，实现古诗文里的思政教育目标。

二、活动设计理念

第一，项目式学习。如何更好地以读懂、学会古诗文为核心驱动问题，通过项目式学习方式，引导学生自主尝试学习、探究，并以创编古诗文韵律操为任务目标。

第二，自主合作学习。学生自由分组合作，利用体育课、音乐课和课余时间，进行古诗词学习、韵律操创编、视频拍摄和录制等。

第三，多元评价。采用教师评价、学生评价、师生互评、家长评价等策略，选取最好的创编动作进行推广和宣传。

三、课程活动目标

提升学生的审美能力，培养学生传承发展中华优秀传统文化的能力。引导学生加强自主挖掘、创作、表现和团队合作的能力，加强古诗词的思政教育。通过古诗文韵律操，加强学生身体的协调性和音乐节奏感，感受不一样的体育韵律操。改变教与学的方式，注重师生之间的互动和交流，提升教学的效率。

四、课程活动内容

通过研讨确定单元古诗词韵律操主题，如四季诗词、家国情怀相关的主题，实现语文、体育和音乐的学科融合。

（一）文化传承

语文教师从小学生必背古诗文75首、新大纲80首、语文教材内古诗词中，筛选经典必背的10首古诗词，在晨读、夕会、课后服务和语文课上进行教材解读，让学生了解诗词意境、作者情感，并能熟读甚至流利背诵古诗词，提升学生的文化素养，从而很好地将中华传统文化传承和发扬。

（二）身心健体

体育教师在大课间、体育课上进行韵律操基本手型和步伐示范视频录制，教会学生基本的韵律操创编方法和模式，学生组队为每首古诗词创编韵律操动作，将10首古诗词串联成一套韵律操动作。

（三）艺术审美

音乐教师带领学生在课上进行民乐欣赏，让学生根据自己创编的动作，选取合适的民乐，为创编的古诗词韵律操搭配音乐。

（四）成果展示与评价

分年级开展古诗文韵律操展评，将最优秀的一套古诗词编入阳光体育大课间活动内容。

五、活动课程设计与实施

（一）活动准备

（1）场地布置：多功能厅或者舞蹈室等具备足够空间的活动场地。

（2）教具资料：古诗文资料、视频，民乐音频资料，韵律操基本手型和步伐示范视频。

（3）学生准备：运动服和运动鞋，提前熟悉筛选的10首古诗文。

（4）教学内容准备。

（二）情境导入

（1）播放几段古诗词的图片或视频，引导学生走进不同古诗词场景。

（2）提问学生："你们能不能通过古诗文关键词、关键句，描述古诗文代表哪个季节？作者是什么样的心境？"

（3）引导学生进行小组合作讨论，激发学生对古诗文的兴趣。

（三）知识讲解

（1）出示筛选的10首古诗文，并带领学生重读经典，领略作品意境。

（2）教师介绍韵律操的历史、发展、特点及其作用。

（3）播放韵律操的基本步伐示范视频，并介绍韵律操创编的基本原则。

（4）学生跟随视频一起模仿练习，教师巡视指导纠正。

（四）分组创编

（1）学生自由分组，进行10首古诗文动作创编。

（2）每组成员共同讨论并创编能够表现10首古诗文特点的韵律操动作。

（3）教师巡视各组，指导学生相互交流与合作。

（五）成果展示

（1）每组轮流进行创编的韵律操展示，教师拍摄动作视频。

（2）教师和学生充当观众，对每组的动作展示进行认真的观摩和学习。

（3）根据展示，教师点评每组的表现，鼓励和肯定学生的表现，并提出自己的看法，对学生评价、家长评价给予合理的指导建议。

（六）活动评价

（1）采用自评、互评、家长评价和师评相结合的方式，对学生的学习过程和最终成果进行多元化的评价。

（2）组织每组学生反思自己的学习体验、团队合作和分工，提出合理改进意见。

（3）教师总结点评全班的表现，强调团队协作分工的重要性，并对优秀的小组进行表扬。

（4）布置作业：学生回家给家人展示学习创编的古诗文韵律操，并带回家长的点评意见。

（5）积极倡导和鼓励学生在日常生活中提升古诗文的学习，了解经典流传的古诗文，学习正确的价值观和人生观。

六、课程活动特色与效果

（一）增强了实践性，达成了跨学科活动设计的主要目标

通过韵律操这一活泼有趣的形式，结合古诗文主题，不仅锻炼了学生的身体，还共同探讨了学习古诗文所体现的不同情境，同时提升了班级的凝聚力和学生之间的合作能力，有效地推进了学生对中华传统文化的了解。通过走进古诗文作者的意境，很好地对学生进行思政教育的渗透。从学科本位出发，通过多学科之间的整合，有利于各学科的均衡发展，对于学生身心的培养能起到推进作用，也能够在很大程度上促进教师自身专业的成长。通过丰富的师生互动和合理的教学方式策略，使本次活动内容全面、教学评估有效。

（二）提升了实效性，让古诗文韵律操的育人价值得到体现

带有情感的古诗文吟诵和舒展的肢体动作结合，不仅培养了学生的情感共鸣，还强化了诗词的记忆。通过不同的肢体动作表现，学生能够很快地把必背古诗文诵出；民乐氛围的渲染，能够将学生带入诗词作者所处的情境，让学生走进作者当时的心境和想法。从学生的传统文化渗透、团队合作能力提升、肢体协调锻炼、音乐素养、道德情操、艺术表现能力等价值

培养上，单一的学科教学是很难做到的，因此，古诗文韵律操跨学科主题创编的实效性得到了很好的体现。

七、课程活动实施反思

古诗文韵律操是多学科的联动，因此需要语文、体育、音乐和信息学科老师的有效合作，学生在团队合作中的角色定位，都是需要不断考量和反思的。一套优质的古诗文韵律操对于学生来说必定存在审美和视觉疲劳期，如何更好地有效推进古诗文韵律操创编的更新迭代，还需要做到以下三个方面。

（一）学校重视，以项目式学习方式，实现跨学科特色活动的开展

新时代背景下，新课标更加注重学科融合的育人功能和价值，推动和落实跨学科活动，首要在于学校领导层的重视。只有学校重视古诗文韵律操的跨学科创编，才能更好地将学科教师串联、整合，全校形成合力，分阶段推进落实，以PBL项目式学习为抓手，根据不同特点、不同层次的学生有效分组实施，教师对每个环节进行有针对性的指导，学生才能创编出优质的古诗词主题韵律操。

（二）深挖主题，不断更新迭代推出成体系的古诗文韵律操

不成体系的古诗文韵律操是没有生命力的，学生长久地练习一套或者两套古诗文韵律操，会表现出乏味，因此在一定时间内，要能够推出不同主题的古诗文韵律操，成体系地去创编，不断地挖掘主题，如创编英雄事迹、家国情怀、心怀高远等主题的古诗文韵律操，多套古诗文韵律操的重复，能够让学生在多种情境变化中得到体验，很好地提升学习和训练的兴趣。

（三）给予平台，为古诗文韵律操"学、练、赛、评"一体化实施提供途径

要充分给学生自主研发和创编古诗文韵律操以肯定，从夕会、课后服务课程等方面给学生创编团队以绿色通道，给予充足的研发和训练时间，并为优质的古诗文韵律操定期举办校园发布会，对优秀的创编团队给予表扬；学校定期举办古诗文韵律操比赛，通过赛事，提高学生学习的兴趣，组建

学生评审、家长评审和老师评审团，实现多元综合性评价；通过学校公众号、视频号对学生研发、训练和展演的过程进行宣传报道，为古诗文韵律操"学、练、赛、评"一体化实施提供途径。

附：单元设计框架

"古诗文主题韵律操"单元学习设计框架

学校			姓名	
单元课题	四季更替古诗文韵律操编排			
适合年级	五、六年级			
大观念、跨学科	结合古诗文里的四季变化，感受作者不同的心境；通过韵律操形式，提升学生的身体协调性和节奏感 音乐、语文、信息与体育的跨学科融合			
问题情境	即将毕业，为学校的弟弟妹妹们编排一套英雄主题韵律操，本套操主要用于平时体育大课间练习用			
单元框架	1	课　目		知识点或技能点
	2	确定主题（如何表现主题），选取古诗文、韵律操动作的编排与音乐选择		古诗文的筛选、学习和理解；渲染氛围的民乐选择；韵律操动作的编排规则
	3	古诗文配词和吟诵、小组合作与分工安排、不同古诗词动作编排		古诗文作者的意境体会、吟诵的要求；动作表达的诗词含义
	4	分段、分组初步完成成套编排		小组合作的分工实践；初步韵律操成套动作的结构是否合理，动作的流畅度和观赏性
	5	分段动作的测评、修改和完善		整体和节段分析评价；动作复盘、深入修改和学习实践，定版
	6	动作展示、评比与视频拍摄		动作展示的方法；评价的多元化操作；动作视频的拍摄

续表

学校		姓名	
单元设计逻辑简介	以项目式学习方式，不断提升学生综合能力的发展。提升学生对古诗文的学习兴趣，并在学习中走进作者的内心世界、所处环境，体验不同古诗文的意境。以古诗文为主题的韵律操体育项目化学习，单元学习分为三个大主题。主题一：《古诗文主题韵律操筛选与设计》，包含选择与剪辑音乐、配词与词义理解、音频录制等学习了解如何设计一套古诗文主题韵律操。主题二：《古诗文主题韵律操动作编排》，通过查找、想象、模仿、合作、探讨等方法，深挖古诗文的意境、情感表达、氛围渲染、动作表现来创编韵律操。主题三：《古诗文韵律操的实评》，通过测评工具和多元化的评价方式，对学生小组创编的古诗文韵律操，从编排的科学性、合理性、观赏性、吟诵表现、情感表达、动作表达、锻炼价值等多方面进行测评。单元学习的整体目标是改变教与学的方式，通过多种形式的表达，提升学生学习古诗文的兴趣，并将古诗文与韵律操相结合，为全校学生创编一套既有趣、有味、有品，科学合理，又具有锻炼价值的韵律操		

单元主题具体内容设计

主题一	分段动作的测评、修改和完善		课时	第五次课
信息技术	多媒体教学设备、网络资源、数字化工具等			
概念为本的教学目标（KUD）	学生将知道（K）：	①如何将古诗词意境、情感、音乐音律通过动作形式表达出来，即怎么进行学科融合的韵律操创编 ②知道学科之间的知识互补关系，不同学科之间的紧密联系，达到同一个主题目标		
	学生将理解（U）：	①诗词意境、音乐选择、动作表达三者有效地融合，是韵律操编排的关键 ②整体和局部分析评价法，能有效地指导和帮助动作编排		

续表

主题一	分段动作的测评、修改和完善	课时	第五次课
	学生将能做（D）：	①小组团结和分工，能够很好地编排出一套古诗文韵律操 ②古诗文知识理解、音乐审美和动作表达能力的不断提升 ③个人评价、反馈和表达能力的提升		
教学准备	①一体机1台，平板电脑5台，小桌子5张，连接同一个网络 ②教师用PPT、学生用PPT、音频 ③利用在线资源提供补充材料和互动练习，以便现场临时的剪辑与调整		
教学过程	准备部分： ①教师介绍各小组研讨、练习、实践创编的情况 ②学生做好小组汇报展示和交流准备 主要部分： ①分五个小组汇报 ②教师拍摄视频和点评，指出小组展示的优点和不足的地方，给予指导意见 ③教师提供各小组展示视频，分小组再次研讨、修改与完善 ④再次展示 ⑤分组交流：利用在线工具，如腾讯会议、微信小程序、班级小管家等，收集每个小组的动作情况，成员进行探讨和交流，继续完善动作设计和质量 ⑥能力提升：怎样对创编的古诗文韵律操进行科学合理的测评		
作业设计	①利用课间、体育课时间针对不同年级的学生进行测评，主要从动作的难易程度和观赏性两个方面进行测评 ②拍摄好本小组不同创意的队形编排动作视频，将测评后修改的内容再次熟练，为下节课集体成果展示做好准备		

在义卖活动中将爱植入心灵
——"雷小锋爱心大市场"义卖主题思政活动

一、活动背景

《中小学德育工作指南》中"社会主义核心价值观教育"指出,把社会主义核心价值观融入国民教育全过程,落实到中小学教育教学和管理服务各环节。东郡小学充分利用其独特的地理位置和丰富的文化资源,积极响应中共中央办公厅关于深入学习雷锋精神的号召,策划了"雷小锋爱心大市场"义卖活动。本次活动以雷锋的故乡——长沙市望城区为背景,依托雷锋研学实践教育营地的教育资源,结合湖南地方特色,旨在创建一个富有教育意义且充满趣味的社会实践平台。活动通过爱心义卖的方式,传承和弘扬了雷锋精神,鼓励学生将理论学习与实践操作相结合,体验劳动的快乐,培养学生的经济头脑和团队合作能力。同时,通过筹集善款捐赠给长沙市爱心基金,帮助需要关爱的群体,让学生在实践中学习感恩与回馈社会。

二、课程活动目标

(一)弘扬雷锋精神

通过活动让学生深刻理解并践行雷锋精神,包括爱党爱国、服务人民、勤俭节约、艰苦奋斗、锐意创新等品质,培养学生的社会责任感和公民意识。

(二)培养经济素养

学生在准备商品、定价、销售的过程中,学会基本的经济原则,如等价交换、成本核算、市场分析等，增强理财能力并初步形成市场经济观念。

（三）实践能力提升

鼓励学生动手制作、整理、推销自己的商品，提升动手能力、沟通交流能力和团队协作能力，同时在活动的组织与执行中锻炼组织策划能力与解决问题的能力。

（四）增进人际交往

通过与同学、老师、家长以及顾客的互动，促进学生之间的友好交往，学习文明礼仪，培养尊重他人、诚信交易的良好品德。

（五）强化社会责任感

通过义卖活动让学生意识到自己作为社会成员的责任，理解公益的意义，激发学生的爱心与同情心，树立为社会服务的意识。

三、课程活动设计与实施

（一）前期准备阶段

1. 动员与宣传

各班级班主任召开班会，详细介绍"雷小锋爱心大市场"义卖活动的目的、意义以及具体安排，激发学生的参与热情，动员学生回家后与家人共同筛选家中闲置但保存完好的物品进行捐赠。同时，鼓励学生发挥创意，将自己制作的手工艺品、书法作品等特色商品加入义卖行列。

2. 物品征集与分类

学生在家长的协助下，整理并清洁捐赠物品，确保所有物品干净、安全、适合交易。班级内部进行物品分类，如学习用品区、手工艺品区、书籍区等，并根据物品实际情况合理定价。

3. 商场名称与宣传设计

各班级需集思广益，命名一个寓意深刻、易于记忆的"商场名称"，如"红星小铺""湘情爱心坊"等，体现班级特色与湖南地方文化。同时，设计宣传海报、横幅、促销标语等，展现班级创意与风采，为活动预热。

（二）活动具体流程

1. 开幕式

（1）全体师生身着整齐的校服，精神抖擞地集合完毕，共同迎接"雷小锋爱心大市场"义卖活动的开启。

（2）校园广播播放音乐，开幕式正式拉开序幕。仪式由校长或少先队辅导员主持。仪式过程如下。

①举行升国旗仪式。

②校长或辅导员发表开幕致辞，强调此次活动不仅是对雷锋精神的传承，也是对学生社会责任感的培养，更是对长沙市爱心基金的一次爱心接力。

③少先队辅导员公布活动要求。

2. 摊位布置

①学生按照体育组事先规划好的布局图，迅速而有序地前往各自的摊位区域。

②各班的班主任和同学们密切配合布置摊位。利用课桌灵活拼接，将提前捐赠的物品、绘制的海报，创造出一个个风格各异的"微型商店"。既展现了班级特色，又体现了湖南的地方文化。

3. 市场开市

随着少先队大队部的一声清脆哨响，"雷小锋爱心大市场"正式开市。整个操场瞬间沸腾起来，各摊位前的学生纷纷使出浑身解数，开始了他们的"商业实战"。

班主任和家长志愿者在一旁指导，但更多的是放手让学生自主经营，实践所学。每个班级的摊位各有千秋，他们采取了多种多样的促销手段吸引顾客。有的摊位推出"限时特价"，在特定时段提供优惠；有的实行"买一赠一"，吸引了不少精打细算的小顾客；更有创意的是，一些班级安排了才艺展示，如现场书法表演、手工艺品制作演示，让顾客在享受购物乐趣的同时，还能欣赏到同学们的才艺，增加了购买的附加值。

4. 特色文化融入——红色故事分享角

在市场的一个角落，特别设立一个"红色故事分享角"，让学生轮流站上小讲台，用稚嫩而坚定的声音讲述湖南籍革命英雄的感人故事，让在场的师生们感受到了革命先辈的伟大精神。

5. 互动交流与最佳吆喝比赛

①鼓励学生主动与顾客进行交流，详细介绍自己义卖商品背后的故事或制作过程；书籍对自己的影响；玩具的独特玩法；手工艺品的设计灵感。

②开展"最佳吆喝比赛"，要求学生展示各自的口才和创意。

6. 清理与统计

活动接近尾声，各班级负责清理各自的摊位及周围环境卫生，确保校园恢复整洁。同时，填写《班级义卖商品统计表》，记录商品销售情况及收入总额，统一上交总务室。

7. 表彰与总结

活动结束后，由少先队大队部组织评选"销售业绩前十强"班级、"最佳组织奖"、"最佳服务奖"、"最具创意摊位奖"等，对获奖班级及个人进行表彰，鼓励全校师生继续发扬雷锋精神，传承红色基因。最后，通过校园广播、公告栏等方式，公布活动成果，感谢全校师生及家长的支持与参与，为活动画上圆满的句号。

四、课程活动特色与效果

（一）湖南特色文化融合

在义卖商品中，特别鼓励学生准备具有湖南特色的商品，如湘绣手工艺品、湖南特色小吃（在确保食品安全的前提下，由家长协助自制）、与湖湘文化相关的书法文创作品等，让学生在义卖中展示家乡文化，提升地域文化自信。

（二）雷锋精神的实践

活动前，学校将组织观看《永生的战士——雷锋》纪录片，学习雷锋的先进事迹，让学生深刻理解勤俭、奋斗、创新、奉献的劳动精神，并将其融入义卖活动的筹备与实施中，如利用废旧材料自制环保手工艺品进行售卖，展现雷锋式的创新与节约。

（三）红色教育与实践

结合湖南丰富的红色文化资源，活动特设"红色文化商品区"，学生可制作或收集与湖南红色历史相关的纪念品，如制作毛泽东诗词的书法作品、红军长征主题的手工艺品等，让红色文化在校园内流动起来，同时增进学生对家乡红色历史的了解。

（四）市场经营体验

学生将自行设计并装饰"雷小锋爱心摊位"，利用广告标语、价目清单、横幅彩旗等营造浓厚的商业氛围。各班将选出"市场总经理""商品推销员"等角色，通过模拟真实的市场运作，锻炼学生的经营管理能力和沟通协作能力，同时，活动鼓励学生使用湖南方言吆喝，增加地方特色与趣味性。

（五）环保与公益并重

活动中，特别强调环保理念，所有包装材料需可循环使用或降解，义卖所得将捐赠至长沙市爱心基金，支持需要帮助的学生，让学生在实践中体会"义卖有价，爱心无价"的真谛。

（六）后续影响

活动结束后，东郡小学少先队大队部将通过校园广播、校刊及社交媒体平台广泛宣传本次活动的成果，展示学生的爱心与创意，进一步弘扬雷锋精神，增强学生的社会责任感，同时也让社会各界见证和参与到这项有意义的活动中来，共同促进社会的和谐与进步。

五、课程活动实施反思

本次"雷小锋爱心大市场"义卖活动，不仅是一场校园内的经济实践活动，更是一次深刻的社会教育和情感教育的实践。在活动策划与执行的过程中，我们收获了许多宝贵的经验与感悟，以下是对本次活动的几点反思。

（一）弘扬雷锋精神，培养社会责任感

活动的成功举办，首先在于其深刻的主题——弘扬雷锋精神。通过爱心义卖，让学生亲身体验帮助他人的喜悦，感受"赠人玫瑰，手留余香"的美好，这种精神层面的教育远超于书本知识的传授，对学生价值观的塑造有着不可估量的作用。

（二）实践能力的提升

从前期的物品筹备、定价策略到活动当天的现场销售，每个环节都是对学生实践能力的锻炼。特别是在团队合作方面，无论是班级内部的分工协作，还是跨班级的竞争与交流，都极大地促进了学生之间的相互理解与配合，增强了班级凝聚力。

（三）经济意识与创新能力的激发

通过让学生自己定价、促销，不仅让他们初步接触了市场经济的基本规则，还激发了他们在营销策略上的创新思维。小发明、小制作的展示更是激发了学生的创新精神，为学生提供了展现自我才华的平台。

（四）环保意识的增强

活动鼓励学生使用闲置物品进行义卖，这不仅有效利用了资源，也潜移默化地增强了学生的环保意识，让他们意识到减少浪费、循环利用的重要性。

（五）活动组织与管理的优化空间

虽然活动整体运行顺利，但在细节管理上仍有改进空间。例如，部分班级的商品分类与标价不够明确，导致交易过程略显混乱；个别学生的文明交易意识还需加强，以避免活动现场出现争执现象。未来，我们需要进行更加细致的前期培训，确保每位参与者都能充分理解和遵守活动规则。

在科技节上萌生航天梦想
——"科技节"思政课程活动设计

一、活动背景

科学家精神承载着伟大的民族精神，大力弘扬科学家精神，是赓续中国共产党人百年精神谱系的重要内容。2022年7月25日，教育部等十部门印发的《全面推进"大思政课"建设的工作方案》提出，各地各校围绕新时代的伟大实践，充分挖掘地方红色文化、校史资源，将伟大建党精神和抗疫精神、科学家精神、载人航天精神等伟大精神，生动鲜活的实践成就，以及英雄模范的先进事迹等引入课堂，推动党的创新理论和历史融入各学段各门思政课。青少年实践创新能力培养直接关系着我国未来的科技水平，基于习近平总书记提出的"大思政课"教育理念，在新时代背景下，为落实立德树人任务，建设拔尖创新人才培养体系，学校以校园"科技节"为抓手，以"航天逐梦"的科学家精神融入"大思政课"教育体系的创新模式，注重育人和育才的相统一，抓好课程思政建设与科技活动的有效衔接，把思政教育理念贯通育人的全过程。

二、活动课程设计理念

"做中学"的理念强调学生通过亲身实践和探究来学习，这一理念认为知识不仅仅是理论学习，更重要的是通过实践获得。在"科技节"活动中要为学生营造可动手动脑、进行设计活动的环境，提供必要的活动材料和工具，倡导学生积极主动去活动，教师组织学生进行探索性学习，让学生充分动脑思考、动手实践、积极反思、不断改进创新。

"一体化"科技节设计理念应注重活动的整合性、创新性、实践性、综合性、互动性等，将思政教育融入科技活动的全过程，打造出有逻辑、有内在联系、可持续的"一体化"科技节，以螺旋上升的方式组织和呈现教育主题，强化科技节思政课程活动设计的整体性。在设计"一体化"科技节时，还应考虑到学生的年龄、兴趣和经验，并采用生动有趣的教学方式，使科技活动变得易于理解和接受。通过这样的设计，我们可以更好地激发学生的创造力和想象力，培养他们的创新能力和探索精神。

三、活动目标

通过开展科技活动，提高学生的科技知识和技能，培养他们的创新意识和实践能力。通过组织科技活动，鼓励学生团队合作，共同解决问题，培养他们的团队合作意识和集体荣誉感。通过介绍我国科技发展的成就和历史，激发学生的爱国热情和民族自豪感，同时引导学生关注社会问题，培养他们的社会责任感。通过将思政教育融入科技活动，引导学生将所学知识应用于实际问题的解决，培养他们的实践能力和应用能力。引导学生树立正确的世界观、人生观和价值观，培养他们良好的思想道德品质和行为习惯。

四、活动课程设计与实施

（一）载人航天——主题体验

1. 载人航天思政教育内容与形式

（1）北斗导航系统展示。北斗导航系统是中国自行研制的全球卫星导航系统，也是继GPS、GLONASS之后的第三个成熟的卫星导航系统。在科技节活动中通过了解北斗、致敬北斗、制作北斗模型等方式，展示中国的巨大科技成果。

（2）中国航天探索历程展览。依托当地航空航天科普基地，通过在学校主干道按时间顺序，分别展览"北斗"指路、"祝融"探火、"羲和"逐日、"天和"遨游星辰等多个重要时间节点的科技成就，向学生全面系统展示中国载人航天工程发展历程和建设成就。

（3）飞天壁画的远古神话表演。千百年来，从"嫦娥奔月"到"万户飞天"，中国人的飞天梦总是蕴藏着无限浪漫的遐思与探索的激情。组织师生用富有想象力的舞蹈表演，演绎动态"飞天"女神，展现古今"飞天梦"，感受中国向往外太空探索未知的优秀文化，呈现中国航天把神话变成现实的精彩传奇。

（4）太空失重情景再现。太空失重一直是学生最为感兴趣的体验，身着航天服，在划定的失重区域内，通过表演、挥舞国旗、航天喝水、翻身等动作，模拟失重情景，让学生身临其境地体验太空环境，感受载人航天的伟大突破。

（5）追溯东方红卫星发射。东方红一号是中国发射的第一颗人造地球卫星，在太空中首次留下了中国的声音——《东方红》，在"科技节"活动中学生再次唱响这首有着特殊寓意的歌曲，将参与活动师生带到20世纪70年代，铭记祖国在这一刻的喜悦与成长，致敬老一辈科学家的探索与奋斗。

（6）模拟航天员返回地球。航天员返回地球是一项技术难度很大的科技难题，师生共同制作返回舱，在"科技节"活动的启动仪式上邀请校长或者主持人身着航天员服装从返回舱模型中走出来，演绎航天员返回地球的时刻，让师生沉浸式体验活动。

2. 载人航天思政教育实施流程

（1）活动设计。科技节活动以载人航天为主题，在活动中按照时间轴顺序，通过体验模拟、观看展览、情景演绎等方式，依次经历"飞天梦想""唱响《东方红》""致敬北斗""遨游太空""祝融探火""圆梦天宫""返回地球"等环节。在立足过去、面向未来中领略祖国在航天事业上的伟大成就，挖掘其中蕴藏的思想政治教育资源，向一代又一代的科学家致敬。

（2）道具准备。按照活动设计流程和内容，组织师生以项目化的方式提前将所需要的模型和道具制作好。如致敬北斗，可以由学生制作各式各样的卫星；如以班级为单位制作卫星，再由学校组织老师搭建围绕地球的卫星轨道框架，组织学生将制作的卫星悬挂在框架上。

（3）活动开展。活动开展当日，将制作的道具按照时间顺序，分点放置在学生参观的必经路线上，一步一节点，并安排体验展示区的讲解员，让学生边走边体验边了解中国航天事业发展的历程。

科技节启动仪式上，通过一首《东方红》将全体师生带到50年前的中国，感受祖国发展航天事业的最初阶段；观看部分师生集体文艺与科技结合的表演，如飞机模型表演、火箭发射表演等，展现祖国的飞速发展；模拟返回地球，主持人或校长从返回舱中走出，来到主席台主持活动的启动仪式。仪式结束后，分班级进行科普体验和参观活动。

（4）总结反思。主题体验活动结束后，组织学生进行讨论和分享，也可组织学生以"我的太空梦"为题进行绘画写作的活动，让孩子们表达自己的感受和收获，加深对航空航天的了解，铭记祖国伟大科技成果的来之不易，激发投身科技事业，不断学习、为国效力的远大志向。

（二）国之重器——模型制作

1. **模型制作思政教育内容**

（1）天宫空间站模型制作。天宫空间站是中国自主研发的国际一流的空间站，学生通过纸杯、锡箔纸、纸板、胶水等物品制作天宫空间站模型，了解空间站的设置和功能。以手工的方式，最大化模拟太空站，既提升了学生的动手能力，又丰富了他们的想象力，寓意着对太空的向往，庆祝中华人民共和国航天事业的蓬勃发展。

（2）北斗导航系统模型制作。组织学生了解中国北斗导航系统的科普知识，利用废旧物品制作一个一个的人造地球卫星模型，然后将卫星模型依次悬挂在教师制作的北斗导航系统模型的轨道网络中，让学生经历北斗导航系统的组建组网过程，萌发对祖国航天事业的敬意，激发学生立志报国的热情。

（3）中国天眼模型制作。在了解"中国天眼"这一国之重器的辉煌成就与科学原理后，按照中国天眼的外形结构，通过身边的废旧物品和一些简易的工具，按照一定比例制作模型，感受到了科技的魅力和力量，更加坚定对科学的热爱和追求，领悟到"仰望星空，脚踏实地"的天眼精神内涵。

（4）航母模型制作。以中国航母为模板制作简易模型，并根据中国航母的外观和设计特点进行复制，具有舰桥、舰岛、飞行甲板和舰载机等细节，虽然模型的尺寸和比例与真实的中国航母有差异，但通过制作模型能够让学生更好地感受中国航母的壮丽和强大。

2. *模型制作思政教育实施流程*

（1）前期筹备。分班进行以国之重器为专题的科普教育，让学生了解国之重器的相关知识，如类别、作用、影响、价值等。根据学生年龄不同，提前对各年级的制作内容进行规划，同时开展优秀模型的实物展览，让学生知道模型制作的基本方法和掌握一定的制作技巧。

（2）活动开展。通过科学课、升旗仪式、科普宣讲、科普讲座、微视频等方式进行科普专题教育，介绍模型制作要求及流程，普及"天宫空间站""中国天眼"等国之重器的科学原理、功能、价值等，激发学生参与模型制作的热情，提升动手能力，培养科学素养，增加对祖国的认同感。

（3）活动评价。开展模型制作展览活动，评选学生最喜爱的、最具创意的、最美观的模型。进行模型制作分享会，分享模型制作过程的收获和思考，进一步丰富学生对国之重器的全面认识，培养热爱科学、追求卓越的自信心。

（三）2035我和祖国有个约会——科幻画创作

1. *科创画思政教育内容*

（1）主题。以"2035我和祖国有个约会"为主题，学生可以发挥自己的想象力和创造力，描绘未来科技发展给祖国带来的变化和影响。

（2）形式。学生可以独立创作，也可以团队创作，形式不限。

（3）评选。对所有提交的作品进行评选，评选标准包括创意、技术实现可能性、社会意义等。

（4）展览。评选出的优秀作品将进行展览，让更多的同学和老师了解科幻画创作的魅力和意义。

2. *科幻画思政教育实施流程*

（1）宣传阶段。通过校园电视台、宣传栏等方式开展宣传活动，吸引学生积极参与。

（2）报名阶段。学生自愿报名参加，提交个人或团队信息。

（3）指导阶段。组织专业教师进行科幻画创作的指导，提供技术帮助和创意建议。

（4）创作阶段。学生根据主题进行创作，并提交作品。

（5）评选阶段。组织专业教师对所有作品进行评选，确定优秀作品。

（6）展览阶段。举办展览，对优秀作品进行展示和宣传。

（7）总结阶段。对活动进行总结，收集反馈意见，为今后的活动提供参考。

3. 活动评价

通过本次活动，学生可以锻炼自己的创新思维和想象力，增强自己的科技意识和科技素养。同时，学生通过参与活动，增强自己的社会责任感和使命感。通过展览和宣传，更多的同学和老师了解了科幻画创作的魅力和意义，提高了他们对科技发展的认识和兴趣。

五、活动课程实施特色与效果

科技节是一个展示科技发展成果、激发创新精神、培养科技人才的重要活动。在科技节中开展思政教育，弘扬科学家精神，不仅可以增强学生的科学素养，还可以培养学生的爱国主义情怀和奉献精神，具有重要的意义和效果。

（一）增强学生的科学素养

通过载人航天主题展览，可以让学生更加深入地了解我国科技发展的历史和现状，了解科学家的研究成果和贡献，增强学生的科学素养。同时，在科技节中开展"国之重器模型制作""2035我和祖国有个约会"科幻画创作等思政教育活动，弘扬科学家精神，可以让学生更加深入地了解科学家的奋斗历程和奉献精神，激发学生的科学精神。

（二）培养学生的爱国主义情怀

科学家精神是中华优秀传统文化的重要组成部分，弘扬科学家精神可以培养学生的爱国主义情怀。在科技节中，通过展示我国载人航天等方面的成就和进步，激发学生的民族自豪感和自信心，增强学生的爱国情感。同时，通过弘扬科学家精神，可以让学生更加深入地了解我国科技发展的艰辛历程和奋斗精神，培养学生的爱国情怀和奉献精神。

（三）增强校园文化氛围，营造良好育人环境

在科技节中开展"国之重器模型制作""2035我和祖国有个约会"科幻画创作等思政教育活动，可以增强校园文化氛围。通过举办各种形式的宣传活动和展览，可以营造出一种崇尚科学、追求真理、勇于创新的文化氛围，激发学生的求知欲和探索精神。同时，通过祖国载人航天主题展览，弘扬科学家精神，可以培养学生的科学意识和创新思维，形成良好的校园文化氛围。

六、活动反思

（一）提高认识

在科技节活动中弘扬和传承科学家精神，将科学家精神融入学校"大思政课"，对提升教育质量、培养科技创新人才意义重大。新时代新征程，建设世界科技强国，实现伟大复兴梦想，需要我们提高对"大思政课"的认知，才能在活动中真正传递科学精神旗帜，接力科学精神火炬，接续奋斗、勠力前行，在传承中发扬科学家精神。

（二）注重体验

科技节是孩子们的节日，也是学校科普教育的重要环节，要充分考虑到学生的年龄、兴趣和经验，并采用生动有趣的方式，使科技活动变得易于理解和接受，提高学生参与活动的积极性。

（三）安全保障

科技活动面向全员甚至是对社会开放，入校人员的安检，在校人员的管理和引导都必须引起重视。学校的科技节是孩子们的重大节日，往往学校准备的体验、展览、游艺的物品较多，这些物品的展示和使用都应该进行安全处理。

（四）实时优化

在组织科技节活动中，要实时进行优化，及时调整活动的流程和内容，因地制宜地选择活动开展的方式和形式，如在不同时期应该妥善选择展示体验的主要对象。

唱红歌传承红色基因

——"传承红色基因，筑梦青春未来"主题音乐思政活动

一、活动背景

《中小学德育工作指南》明确指出，要开展理想信念教育，加强中国历史教育，继承革命传统，传承红色基因。红色歌曲不仅记录了中国革命的光辉历程，也反映了中国人民在不同历史时期的奋斗精神和爱国情怀。通过唱红歌，学生可以重温历史，更加深入地了解中国革命历史和传统文化，铭记革命先烈的英勇事迹，弘扬革命精神，传承红色基因，培养他们的爱国情感和民族意识。

二、活动目标

增进学生对红色文化的了解，培养爱国主义精神。提高学生的团队协作能力和集体荣誉感。融合思政教育，促进学生全面发展。

三、活动设计与实施

（一）活动准备阶段

1. **参加对象**

一年级至六年级所有教学班。

2. **比赛地点**

多媒体教室。

3. **选题与曲目选择**

（1）选题小组。由思政教师、音乐教师和班级代表组成，共同讨论和确

定歌曲选择。

（2）深入研究思政教育主题。明确当前思政教育的核心内容和要求，寻找与之紧密相关的歌曲。

（3）歌曲征集与筛选。向全班同学征集歌曲建议，并进行初步筛选，确保歌曲的艺术性和思想性。各班级根据红色歌曲库，选择一首具有代表性和感染力的红歌进行合唱。歌曲内容需体现爱国主义精神、革命历史精神或社会主义核心价值观。根据同学们的反馈和专家意见，最终确定比赛曲目。

4. 制定活动方案

（1）明确活动目标。提高同学们对思政内容的理解和认同，培养团队协作精神和艺术修养。

（2）制订详细计划。包括排练时间、地点、人员分工等，确保活动有序进行。

（3）设计活动流程。包括开场致辞、合唱表演、互动环节、颁奖仪式等，确保活动丰富多彩。

5. 动员与培训

（1）召开动员大会。向同学们介绍活动的目的、意义和重要性，激发他们的参与热情。

（2）邀请专业教师指导。请专业音乐教师或合唱团指导老师进行合唱技巧和歌曲演唱的培训。

（3）观看相关视频。组织同学们观看与歌曲和思政内容相关的视频资料，加深理解。

6. 筹备工作

（1）场地布置。根据活动需求，布置合适的场地，包括舞台、音响、灯光等设备。

（2）服装道具准备。根据歌曲风格和主题，设计统一的服装和道具，并提前购买或租借。

（3）宣传材料制作。制作海报、宣传册等宣传材料，通过学校官网、微信公众号等渠道进行宣传。

7. 比赛要求

（1）各年级各班音乐老师负责比赛过程的具体实施，伴奏音乐由各班音乐老师负责收集。

（2）以教学班为单位开展比赛，要求学生参与率达到100%。

（3）队员排队整齐有序，进、退场秩序良好。

（4）演出服装整齐统一，充分展现小学生积极向上的精神面貌。

（5）演唱时精神饱满、积极乐观，保持良好台风。

（6）音准节奏准确，把握歌曲流畅性和表现力。

（二）活动实施阶段

1. 排练阶段

（1）分声部排练。根据歌曲要求，分声部进行排练，注重音准、节奏、和声等方面的训练。同时，注重学生的声音训练和团队协作能力的培养。

（2）思政教育引导。各班级在排练合唱的过程中，结合歌曲背景、历史意义等内容，开展思政教育。通过讲解、讨论、观看视频等方式，让学生深入了解歌曲背后的故事，感受革命先烈的英勇事迹，增强爱国情感和民族自豪感。

2. 宣传与展示

（1）校内宣传。通过海报、宣传册等宣传材料，在校园内广泛宣传活动的信息。

（2）校外展示。组织同学们参加校外的文艺演出和比赛，展示班级合唱的风采。

（3）邀请观众。邀请家长、老师和其他班级的同学前来观看演出，扩大活动的影响力。

3. 演出准备

（1）节目单制作。制作详细的节目单，包括歌曲名称、演唱者、表演顺序等信息。

（2）舞台布置。根据歌曲风格和主题，进行舞台的布置和装饰，营造良好的演出氛围。

（3）音响灯光调试。在演出前进行音响和灯光的调试，确保演出效果最佳。

4. 正式演出

（1）开场致辞。由主持人进行开场致辞，介绍活动的目的和背景。

（2）合唱表演。按照节目单顺序进行合唱表演，展现同学们的艺术才华和团队协作精神。

（3）互动环节。设置互动环节，如观众提问、现场投票等，增加活动的趣味性和互动性。

（4）颁奖仪式。对获奖同学和团队进行颁奖，表彰他们的努力和成果。

5. 评分标准

比赛采取十分制的计分办法，其中，去掉一个最高分，去掉一个最低分，取平均分。

（三）活动总结阶段

1. 演出评比

邀请专业评委和观众代表对同学们的演出进行评比，比赛将按年级场次分设一等奖三名，其余为二等奖。除此之外，各年级分别设立一名"最佳指挥奖""最佳组织奖""最佳精神文明奖"。利用升旗仪式，公布获奖名单并颁发证书和奖品。

2. 反思与总结

（1）组织同学们进行反思与总结，分享在合唱过程中的收获与体会，以及对思政内容的理解和感悟。

（2）对活动进行整体评估，总结活动中的成功经验和不足之处，提出改进建议。

3. 成果展示

（1）制作活动视频和照片集，通过学校官网、微信公众号等渠道进行展示和分享。

（2）举办成果汇报会或展览，邀请家长、老师和其他班级的同学前来观看和交流。

（四）活动延伸阶段

1. 拓展思政教育活动

结合班级合唱比赛的经验和成果，开展更多的思政教育活动，如主题班会、征文比赛、演讲比赛等。鼓励同学们将思政内容与日常生活相结合，形成积极向上的生活态度和价值观。

2. 培养艺术人才

发掘和培养具有艺术天赋和潜力的同学，为他们提供更多的艺术培训和实践机会。组织同学们参加校内外各类艺术比赛和演出活动，提高他们的艺术水平和综合素质。

四、课程活动特色与效果

（一）红色文化的传承与弘扬

每一首红歌都承载着一段历史，都蕴含着一种精神。同学们在演唱的过程中，深入了解了这些歌曲背后的历史故事和革命精神，进一步增强了他们的历史责任感和使命感。

（二）思政教育的生动实践

同学们在排练和演出的过程中，不仅学习了歌曲本身，还学习了歌曲背后的思政内容，使思政教育更加深入人心。

（三）团队协作与个人成长的双重提升

在排练过程中，同学们互相帮助、共同进步，形成了默契的合作关系。这种团队精神不仅提升了他们的合作能力，也锻炼了他们的领导力和组织协调能力。同时，每个同学在合唱中的表现也是他们个人成长和进步的体现，他们通过不断练习和磨炼，提高了自己的音乐素养和表现力。

五、课程活动实施反思

（一）活动设计反思

1. 目标与思政内容的结合

我们在设计活动时，成功地将合唱艺术与思政内容相结合，通过选择具有思政意义的歌曲，引导同学们在歌唱中感受思政的内涵。在实际执行中，我们发现有些歌曲所传达的思政内容对于同学们来说较为抽象，需要更深入的解读和引导。

2. 活动流程安排

活动流程的设计整体上是合理的，但在时间分配上还存在一些问题。例如，在思政教育环节的讲解上花费了过多的时间，导致合唱排练的时间被压缩。未来需要更合理地安排各个环节的时间，确保活动能够顺利进行。

（二）活动实施反思

1. 学生参与情况

大部分同学都能积极参与合唱活动，但在思政教育环节，部分同学的注意力不够集中，参与度有待提高。这可能与思政教育内容的抽象性有关，也可能与讲解方式不够生动有关。未来我们需要探索更加生动有趣的思政教育方式，以提高学生的参与度。

2. 互动效果

在合唱排练和演出过程中，师生、生生之间的互动效果良好，同学们能够相互协作，共同完成演唱任务。在思政教育环节，互动相对较少，同学们大多处于被动接受的状态。未来我们需要加强思政教育环节的互动设计，鼓励同学们积极参与讨论和交流。

（三）活动效果反思

1. 思政教育的效果

通过这次活动，同学们对思政教育的核心价值和意义有了更深入的理解。由于思政教育内容的抽象性和讲解方式的限制，部分同学对思政教育的认识仍然停留在表面。未来我们需要探索更加有效的思政教育方式，以提高同学们对思政教育的认识和理解。

2. 合唱艺术的效果

同学们在合唱排练和演出过程中，不仅提高了音乐素养和演唱技巧，还增强了团队协作能力和集体荣誉感。这次活动让同学们在轻松愉快的氛围中感受到了音乐的魅力和团队的力量。

（四）改进策略

（1）优化思政教育内容。选择更加贴近学生生活和经验的思政内容，通过生动的案例和故事引导学生深入理解思政教育的核心价值和意义。

（2）改进思政教育方式。采用更加生动有趣的讲解方式，如多媒体展示、角色扮演等，提高学生的参与度和学习兴趣。同时在思政教育环节加强互动设计，鼓励同学们参与到讨论和交流的过程中来。

（3）合理安排活动时间。更加合理地安排各个环节的时间，确保思政教育环节和合唱排练环节都能得到充分的重视和安排。

（4）加强团队合作。在合唱排练和演出过程中，加强团队合作和协作精神的培养，让同学们在共同完成任务的过程中感受到团队的力量和温暖。

第四篇
思政实践活动

　　社会大课堂与大思政课紧密相连，思政教育要把思政小课堂同社会大课堂结合起来，加强课内课外联结，实现隐性课程与显性课程相配合，引导学生走出课堂、走出校园，积极参与社会实践活动，学会把知识运用于社会、服务于人民，强化社会责任感，提高实践创新能力，促进知行合一，着力培养堪当民族复兴大任的时代新人。

　　学校要结合地方自然地理特点、民族特色、传统文化以及重大历史事件、历史名人等，组织学生通过参观访问、现场观摩、志愿服务、生产劳动、研学旅行等方式走向社会，因地制宜开展富有教育意义的实践活动，形成校家社思政教育合力。学校在构建大思政格局中，引导学生参加社会实践活动，让学生在感受社会美好中提升思想道德品质。

做传承优秀文化的使者
——"明月几时有"跨学科教学活动设计

中秋节作为中国传统文化的重要组成部分，蕴含着丰富的文化内涵和科学奥秘。通过跨学科的学习方式，引导学生综合运用科学、文学、艺术等多个学科的知识，深入探究中秋节的传统文化内涵，培养学生的综合素养和创新能力。

一、活动目的

围绕"明月几时有"这一主题，开展中秋跨学科项目化学习，让学生在活动中体会中华优秀传统文化魅力，坚定文化自信，自觉做传承中华优秀传统文化的使者。

在活动中，通过深入研究月亮变化的科学成因，培养了学生的探究精神和科学思维；诵读咏月诗句，不仅提升了学生的文学素养，更激发了他们对传统文化的热爱与尊重；诗书配画和灯笼创作，让学生在实践中感受艺术的魅力，培养了他们的审美能力和创造力。整个学习过程，我们始终贯穿家国情怀的弘扬，让学生在了解中秋文化的同时，增强了对国家和民族的认同感和自豪感。通过这一系列的跨学科学习活动，我们力求在知识、技能和德育等多个层面，为学生提供一次全面而深刻的中秋文化体验。

本次中秋节跨学科学习活动的设计逻辑主要基于"学生为主体，问题为导向，实践为核心"的原则。通过构建一个真实且富有意义的问题情境——"中秋佳节：明月几时有"，引发学生的兴趣和好奇心，进而引导他们综合运用多学科知识，进行深入的探究和学习。

二、设计理念

在这一跨学科背景下，我们设计学科思政教学活动时一定要遵循以下几个核心理念。

（一）德育渗透

在整个学习过程中，我们注重培养学生的家国情怀和民族自豪感。通过了解中秋文化的深刻内涵，学生能够更加深刻地理解家国情怀的重要性，从而增强对国家和民族的认同感和归属感。

（二）文化传承

通过诵读咏月诗句和创作中秋灯笼等环节，让学生深入了解中秋节的传统文化内涵和历史背景。这有助于培养学生的文化自觉和文化自信，促进中华优秀传统文化的传承和发展。

（三）跨学科整合

活动将自然科学、文学艺术、历史文化和思政教育等多个学科领域的知识和技能有机结合起来，形成了一个综合性的学习项目。通过让学生从不同角度探索"明月几时有"这一主题，我们旨在培养他们的多元思维能力和综合运用知识的能力。

（四）实践性学习

活动强调学生的亲身体验和实践操作，如科学实验、文学创作、艺术制作等。这样的学习方式不仅能够激发学生的学习兴趣和动力，还能够培养他们的动手能力和创新精神。

（五）个性化发展

活动尊重学生的个性差异和兴趣特长，允许他们在学习过程中选择自己感兴趣的方向和内容进行深入探究。这有助于促进学生的个性化发展，培养他们的自主学习和终身学习的能力。

三、学科融合

整个活动框架围绕中秋节这一主题，聚焦对学生进行中华优秀传统文化教育并融入科学、语文、劳动、书法和美术等学科知识，紧扣中秋节的文化内涵和科学知识，通过具体的问题和活动设计，让学生在解决问题的过程中，主动建构知识，提升技能，形成正确的价值观和情感态度。

（一）科学领域

为使学生深入理解月相变化，通过简易月球模型与三星体位置关系图的模拟实验，引导学生探索月相变化的成因，增强学生的直观感受，培养他们的科学探究能力和实验操作能力。

（二）语言文学

在语文课目中，通过诵读和品鉴《水调歌头·明月几时有》，引导学生感受苏轼的内心世界和人生哲学，培养学生对传统文化的兴趣和鉴赏能力，提升他们的文学素养和审美能力。

（三）劳动技能

在劳动课目中，教师提供自制灯笼的详细教程，鼓励学生独立完成灯笼框架的组装，让学生感受中国传统文化的魅力，培养他们的动手能力和创新精神，提升学生的动手能力和创造力。

（四）书法艺术

在书法课目中，结合中秋灯会视频资料，提供毛笔和宣纸，通过欣赏和创作书法作品，引导学生感受汉字的美感和文化内涵，提升他们的书法水平和文化素养，增强对传统文化的认知和审美水平。

（五）美术创作

以月亮、玉兔、月饼和桂花等元素为素材，鼓励学生自由组合设计图形，并绘制在灯笼上，以展现学生的艺术创造力，培养学生的艺术创造力和审美观念。

四、活动步骤

（一）知中秋

明月在阴晴圆缺的变幻里。主题融入科学知识——月相变化，让学生探索月相变化的成因，以学生互动为主，让学生在观察与模拟中理解实验。

（二）诵中秋

明月在悲欢离合的诗词里。主题融入语文学科——水调歌头，让学生领悟"明月几时有"所蕴含的深意，学生在朗诵与歌唱中互动。

（三）创中秋

明月在美轮美奂的花灯里。主题融入数学学科——探秘花灯，让学生了解灯笼的结构与制作方法，学生在观察与分析中互动。

（四）书中秋

明月在翰墨飘香的郡园里。主题融入书法知识——花好月圆，让学生实践创作"明月几时有"的诗词，学生在书法练习中完成活动。

（五）绘中秋

明月在诗情画意的水墨里。主题融入美术知识——烘云托月，学生为作品增添美感与装饰，学生经历点缀与拼装活动，培养美感。

五、活动实施

（一）科学学科

以苏轼的词作——《水调歌头·明月几时有》作为导入，设置问题"词中提及了什么科学现象"，引发学生自主思考，关注到词中"月有阴晴圆缺"一句描述的即"月相变化"，不断设问，引导学生分析出与月相变化形成相关的各种条件，最后通过简易月球模型与三颗星体的位置关系图，让学生进行模拟实验，探秘月相形成的具体原因。

（二）语文学科

带领同学们诵读《水调歌头·明月几时有》，品鉴苏轼内心的种种难言情绪和矛盾思想，水到渠成地引出能够体现苏轼人生境界豁达的句子，"不应有恨""但愿人长久，千里共婵娟"。充分发挥语文学科独特的育人功能，突出文以载道，文以化人。引导学生在学习语言文字运用的过程中，逐步树立正确的世界观、人生观、价值观。

（三）劳动教育

带领同学们"探秘花灯"。问题导入：灯笼是什么形状的？制作长方体的灯笼需要什么材料？从问题中引出了中国古代的榫卯结构，很好地渗透了中国的传统文化。自己录制灯笼教程，在视频教程的指导下，将灯笼的框架进行组装。充分发挥孩子的主体性，孩子们学习积极性高。

（四）书法知识

与同学们一起欣赏中秋灯会，依据前置任务单，同学们与同桌两人互为小组，选择任意与中秋相关的内容，利用充分的时间进行合作实践。

（五）美术学科

从书法引入，带领孩子们了解"书画同源"的含义，讨论了美术作品中与中秋相关的元素，如月亮、玉兔、月饼和桂花等，学生自由组合设计了图形，并绘制装饰了灯笼。

整个活动过程中，通过问题导入、学生互动、教师引导等方式，充分发挥学生的主体性和积极性，让他们在探究和学习的过程中，不断提升自己的综合素养和创新能力。同时，通过信息技术的支持，如多媒体教学设备、网络教学资源、数字化教学工具等，为学生提供丰富的学习资源和便捷的学习途径，增强学习效果和影响力。

六、作业设计

（一）科学观察日记

连续观察一周的月相变化，并记录下每天月亮的形状、位置和亮度。学生需要分析月相变化的原因，并尝试预测未来的月相变化。通过这个作业，学生可以更加深入地理解月相变化的科学原理，并培养观察和分析的能力。

（二）文学创作

创作一篇与中秋节相关的诗词或散文，表达自己对中秋节的感受和理解。学生可以通过创作来表达对家人的思念、对团圆的渴望或对传统文化的热爱。这个作业可以帮助学生提升文学素养和表达能力，同时也能够加深对中秋节传统文化的理解。

（三）手工制作

利用家中的废旧物品制作一个与中秋节相关的手工艺品，如花灯、月饼模具等。学生需要发挥自己的创意和想象力，制作出一个既美观又实用的手工艺品。通过这个作业，学生可以锻炼自己的动手能力和创造力，同时也能够加深对中秋节传统文化的认识和体验。

（四）艺术作品创作

创作一幅与中秋节相关的艺术作品，可以是绘画、书法、剪纸等形式。学生需要运用自己的艺术技巧和想象力，创作出一幅具有中秋节特色的艺术作品。通过这个作业，学生可以提升自己的艺术审美和创作能力，同时也能够增强对中秋节传统文化的感受和理解。这些作业设计旨在帮助学生巩固和拓展在中秋节跨学科学习活动中所学的知识和技能，同时也能够培养学生的创新思维和实践能力。通过完成这些作业，学生可以更加深入地了解中秋节的传统文化内涵和科学奥秘，增强自己的文化素养和综合能力。

七、活动效果

通过这一系列的跨学科学习活动，学生不仅深入了解了中秋节的传统文化内涵和历史背景，还提升了他们的科学思维、文学素养、艺术审美和创新能力。同时，他们在活动中培养了家国情怀和民族自豪感，增强了对国家和民族的认同感和归属感。整个活动过程充满了欢乐和温馨的氛围，让学生度过了一个难忘的中秋节。

八、信息技术的支持

利用多媒体教学设备，如投影仪、电脑等，为学生呈现了丰富的中秋文化知识和艺术作品，增强了他们的学习体验和感受。同时，我们也借助网络资源和数字化工具，如在线诗词库、电子图书等，为学生提供了更为便捷和高效的学习途径。此外，我们还通过学校微信公众平台，分享了活动的过程和成果，让更多的人了解和参与到我们的中秋节跨学科学习活动中来。这些信息技术的支持不仅丰富了活动内容，也提升了活动的效果和影响力，让学生更好地感受到了中秋节的传统文化魅力。

九九节气中的传统文化

——"九九消寒韵,珍重待春风"跨学科教学活动设计

一、活动目的

将以"冬至"为主题,开展跨学科的项目化学习。在这个过程中,我们将围绕"九九消寒图"进行诵九、填九、添九和书九的活动。通过通读"数九歌",学生将深入了解冬至的传统文化。同时,我们还将拓展数学中关于"九"的知识,并运用美术技巧绘制梅花以添九,书法临帖则用来书写消寒图,助力学生更全面地了解冬至的传统文化,并提升他们的跨学科学习能力。引导学生珍惜传统文化,培养对传统文化的敬畏之心,在活动中融入社会主义核心价值观,引导学生树立正确的世界观、人生观和价值观,增强他们的民族自豪感和文化自信心。

二、活动理念

在设计这一跨学科背景下的学科思政教学活动时,我们遵循了以下几个核心原理。

(一)跨学科融合

该活动巧妙地将文学、数学、美术和书法等多个学科融合在一起,让学生在探究冬至传统文化的同时,体验不同学科的魅力。这种跨学科的学习方式有助于培养学生的综合素养和解决问题的能力。

（二）情境化学习

通过以"冬至"为主题的项目化学习，我们为学生创造了一个真实、有趣的学习情境。这种情境化学习方式能够激发学生的学习兴趣和动力，使他们在愉快的氛围中主动探索和学习。

（三）价值观引领

在活动中，我们注重引导学生珍惜传统文化，培养对传统文化的敬畏之心。通过融入社会主义核心价值观，帮助学生树立正确的世界观、人生观和价值观，增强他们的民族自豪感和文化自信心。

（四）主动性学习

该活动设计注重学生的主动性和参与性，让学生在诵九、填九、添九和书九的过程中，充分发挥自己的想象力和创造力。这种主动学习的方式有助于培养学生的自主学习能力和创新精神。

（五）反思与总结

活动结束后，我们鼓励学生进行反思和总结，让他们思考自己在活动中的收获和不足。这种反思和总结的过程有助于加深学生对冬至传统文化的理解，同时为他们的未来发展奠定基础。

总之，这一跨学科背景下的学科思政教学活动设计遵循了跨学科融合、情境化学习、价值观引领、主动性学习和反思与总结等核心原理。通过这一活动，我们希望能够让学生在探索冬至传统文化的过程中，不断提升自己的综合素养和能力水平。

三、学科融合

（一）语文知识

冬至的历史和传统习俗：了解冬至的起源、历史演变以及在中国传统文化中的地位。通过故事、诗歌等形式感受冬至的氛围。

"数九歌"及其文化内涵：深入解读"数九歌"的韵律、意境及其所蕴含的冬至节令的特点和人们对冬季生活的感悟。

与冬至相关的诗词赏析：如唐代诗人杜甫的《冬至》等，通过赏析诗词，感受古代文人墨客对冬至节气的情感表达。

（二）数学知识

九的倍数及其规律：探究九的倍数特点，理解九在数学中的特殊地位，如九九乘法表等。

图形与几何：结合"九九消寒图"的设计，学习基础的图形知识，如圆形、梅花形等，以及如何利用几何原理进行图案绘制。

（三）美术知识

梅花绘画技巧：学习梅花的基本画法，如枝干、花朵、叶子的表现方法，以及如何在"九九消寒图"中巧妙地运用梅花元素。

色彩搭配与运用：了解色彩的基本原理和搭配技巧，使"九九消寒图"更加生动有趣。

（四）书法知识

书法基础与临帖：学习书法的基本笔画、结构、章法等知识，通过临帖练习，提高学生的书法水平。

书法与传统文化：探讨书法在传统文化中的地位和作用，如何通过书法来表现冬至的文化内涵。

通过整合这些相关学科知识和资源，为学生打造一个全面、深入的冬至文化学习体验，让他们在跨学科的学习中感受到传统文化的魅力和价值。

四、活动步骤

（一）诵九传古韵　消寒盼春来

语文：通过重新诵读咏九歌，了解冬至的来历、文化。"九九消寒图"是迄今为止所有节气民俗中最具文化含量，也是最易普及的非物质文化遗产。

学生活动：吟诵、思考。

（二）围炉凛冬至　填九望春归

数学：结合九九消寒，"九九"背后的数学思维和模型。通过"推理表达"来填出专属数学的"九九消寒图"，表达"九九"这个数字所代表的"极"的含义。

学生活动：计算、思考。

（三）梅花九朵开　添九春日来

美术：了解消寒图背后承载的深厚的文化内涵，彩添"九九消寒图"，以增添节日的喜庆氛围，表达人们对冬至的祝福和祈愿，以及对自然规律的尊重和对生命的热爱。

学生活动：绘画、创意。

（四）挥毫书九字　珍重待春风

书法：一起来临帖欣赏并书写"亭前杨柳珍重待春风"，从线条、结构、章法三个方面欣赏并书写"亭前杨柳珍重待春风"这九个字，传达对春天的向往的情感和思想，展现出独特的艺术魅力。

学生活动：欣赏、临帖、评价。

五、活动实施

（一）语文

以《数九歌》为源头，带着孩子们感受冬至的传统文化习俗。通过不同地区的数九歌内容，了解到古人通过观察和记录自然界的一些生态反应和天气征兆，发现了冬至九九中的气候变化发展规律，根据九九歌与节气的变化规律，开展自己的农耕生活。同时拓展了一些跟冬至有关的诗词：冬至里的九九歌，诗词里的冬至。带领学生多角度体会冬至节气里蕴藏着的古人智慧，感受传统文化的独特魅力。

（二）数学

从字谜"旭日东升——九"引出"九九消寒图"，带领学生了解数学中的"九九消寒图"的玩法和规则。随后老师让学生讲一讲答案以及背后的想法。同学们积极地思考、推理、表达，短时间内就填出了多个格子，并详细说出了每个数字的由来，充分感受到了数学"九九消寒图"的思考乐趣，学习到了数学中重要的思想方法"排除法"。最后，老师通过一个视频让学生了解到了更多神奇、奥妙的"九"，让学生对数学中的"九九消寒图"有了更多更深层次意义上的理解。

（三）美术

首先引导孩子们欣赏凌寒绽放的梅花，以领悟梅花所彰显的高贵品质。随后，带领孩子们观察并探讨梅花版"九九消寒图"的特性，该图包含九朵梅花，每朵梅花均有九片花瓣。在此基础上，教授孩子们运用手指印画的方法，迅速绘制出梅花版"九九消寒图"，并以冬至为落款。通过这一过程，使学生更深层次地领会古人的智慧以及传统文化的魅力。

（四）书法

以"九九消寒图"为切入点，开展"赏—习—评"一体化教学，引导学生从笔画、结构、章法、意境等多角度欣赏古人的"九九消寒图"：九字，每字九画。自冬至日起开始填写，每日一笔，待填写完毕，寒冬即逝，春暖花开。同时，在线条上记录当日天气与趣事，使学生充分感受"九九消寒图"之趣味。通过师生协作，共同临摹出一幅完整的"九九消寒图"。在此基础上，开展小组互评，选拔优秀作品进行集中展示，进而升华主题：生命中"没有一个冬天不可逾越，没有一个春天不会来临"。

六、活动效果

本次跨学科思政教学活动，不仅让学生深入了解了冬至的传统文化，还通过各个学科的融合学习，培养了学生的综合素养和解决问题的能力。活动注重价值观引领，引导学生珍惜并传承传统文化，增强民族自豪感和文化自信心。同时，通过主动性学习和反思总结，提升了学生的自主学习能力和创新精神。在思政和德育方面，活动也取得了显著成效，帮助学生树立了正确的世界观、人生观和价值观，增强了他们的社会责任感和公民意识。

七、信息技术的支持

本次跨学科思政教学活动融合语文、数学、美术、书法等学科知识，借助信息技术手段如PPT、视频、音频等资源，让学生在诵九、填九、添九、书九的过程中深入探索冬至传统文化，培养综合素养和解决问题的能力。活动注重价值观引领，提升学生民族自豪感和文化自信心，同时促进师生互动和合作，取得了显著的思政和德育效果。

在活动体验中点燃科技梦想
——学校科技节暨综合实践作业展示活动

一、活动背景

为切实落实"双减"政策，落实新课程标准，深入开展对国家义务教育质量监测结果应用，激发学生对科学探索的兴趣，培养学生的多元智能，东郡小学围绕"成全"办学理念，依托郡美课程，根据学生的年龄特点，立足学生学情，本着多元化、趣味化、综合化的原则，科学组拟在3月每周三的无书面作业日进行科创主题实践活动，旨在培养学生的动手能力、思维能力和综合能力，全面提升学生的科学素养。结合科创实践活动，加强社会主义核心价值观、科学道德和伦理教育，培养学生的爱国情怀、社会责任感和科学精神。通过跨学科项目式学习，让学生在探究科学问题的同时，了解科学背后的文化内涵和社会价值，为学生的全面发展奠定坚实的基础，并为培养新时代的合格公民作出贡献。

二、课程活动设计理念

东郡小学科技节暨综合实践作业展示活动的设计，紧密围绕"科技体验点燃梦想，科普宣传助力'双减'"的主题，秉承"实践、创新、探索、分享"的课程活动设计原则。我们旨在通过丰富多彩的活动形式，让学生在参与中体验科学的魅力，感受科技的力量，从而激发他们对科学探索的浓厚兴趣。

（一）实践性原则

通过组织各类科学实验、手工制作、科技创新等活动，让学生在动手实践中感受科学的乐趣，培养他们的实践能力和创新思维。同时，鼓励学生将所学科学知识应用于实际生活中，提高他们解决问题的能力。

（二）创新性原则

鼓励学生发挥想象力，大胆尝试，勇于创新。通过设计具有挑战性的任务，激发学生的创造潜能，培养他们的创新意识和实践能力。同时，我们也将引入前沿科技知识，让学生了解最新的科技发展动态，拓宽他们的视野。

（三）探索性原则

鼓励学生主动探索科学世界，发现科学问题，提出解决方案。通过小组合作、项目研究等方式，培养学生的团队协作能力和探究精神。同时，我们也将为学生提供丰富的科普资源，帮助他们建立科学思维，提高科学素养。

（四）分享性原则

我们鼓励学生将自己在活动中的收获和体会与他人分享，通过展示、交流、演讲等形式，培养他们的表达能力和自信心。同时，我们也将邀请专业人士、家长等参与活动，共同营造浓厚的科学氛围，促进学生的全面发展。

三、课程活动目标

（一）提升科学素养

本次活动旨在通过科技体验与实践，提升学生的科学素养。学生将在实践中深入理解科学原理，掌握科学方法，培养科学思维，从而运用科学知识解决实际问题，形成科学的世界观和人生观。

（二）培养创新能力

活动将鼓励学生发挥创新精神，通过动手实践、探索研究，培养学生发现问题、解决问题的能力。学生将在活动中尝试新的方法、探索新的途径，不断提高创新能力，为未来的学习和生活打下坚实的基础。

（三）促进全面发展

通过科技节活动，学生将不仅收获科学知识，更将在团队协作、沟通交流、自信心等方面得到锻炼和提升。活动将促进学生的全面发展，为他们成为新时代的合格公民奠定基础。

四、活动内容与安排

（一）科技大篷车进校园

时间：上午9：00—11：30。

内容：邀请"科普大篷车"进校园，展示各类科普展品，包括数学、物理学、光学、电磁学、力学等方面的展示。这些展品将通过互动方式，让学生亲身体验科学的魅力，激发他们的学习兴趣。

（二）纸飞机现场竞赛

时间：下午14：30—15：30。

内容：学生可自愿报名参加纸飞机现场竞赛。我们将设置一年级至四年级的"奥运五环纸飞机靶标赛"和五、六年级的"竞技叠杯赛"。通过竞赛，选拔出优秀选手，并颁发奖品和证书。

（三）传统香文化科普讲座

时间：下午15：30—16：30。

内容：特邀市非物质文化遗产保护中心的宋老师举办"中国传统香文化"主题讲座。通过讲座，让学生了解我国的传统科技，丰富他们的知识面。

（四）其他科技体验区

时间：全天开放。

内容：设置无人机、机器人等科技体验区，让学生亲身体验科技的魅力。同时，我们将邀请专业人士进行现场指导，确保学生的安全。

（五）总结与闭幕式

时间：下午16：30—17：00。

内容：对本次活动进行总结，表彰优秀选手和团队，颁发奖品和证书。同时举行活动闭幕式。

（六）作业设计

主题：玩转科学嗨翻天				
学科组	科学组			
设计团队	时间	科创实践作业设计		参与学生
学生5人	3月1日	我心飞翔		3~4年级
	3月8日	变废为宝科技小制作		1~6年级
	3月15日	科幻画		1~6年级
	3月22日	驾驭未来		5~6年级

第一周作业设计

学科组	科学	设计者	学生2人	年级	3~4年级
活动时间	2月27日—3月3日				
实践作业主题	我心飞翔		作业时量		60分钟
作业设计内容	①利用课余时间自行购买组装泡沫或桐木组装手掷模型滑翔机、弹射模型滑翔机、橡筋动力直升机，在爱心义卖时进行拍卖 ②自愿报名参加在3月末的科技日举办手掷纸飞机现场制作和飞行比赛				
创新作业解读	在无作业日安排学生自制手掷飞机，锻炼学生的动手能力、思维能力，初步了解空气动力学知识，培养学生的综合科学素养				

第二周作业设计

学科组	科学	设计者	学生2人	年级	1~6年级
活动时间	2023年3月8日				
实践作业主题	变废为宝科技小制作		作业时量		120分钟

续表

作业设计内容	①利用现有材料，自主设计、加工、制作成具有一定科学原理或科技含量的科技小制作 ②利用家里的废旧物品作材料，变废为宝，自主设计、加工、制作成自己喜欢的具有科技含量的小玩具（不可使用钱币、有污染材料、不清洁材料和法律规定不可用的材料） ③必须是学生独立自主制作或小组合作制作，可在成人指导下制作，但不得由成人代替完成 ④作品形式：小模型、小玩具、小工具、小工艺品、学习或生活用品、科学实验器材、木工、小电子产品等 ⑤作品必须贴上标签，写明作品名称、作者姓名、班级
创新作业解读	通过无作业日科创主题活动，促进学生主动学习，提高学生动手能力，拓展学生的创新思维和逻辑思维能力

第三周作业设计

学科组	科学	设计者		学生2人		年级	1~6年级
活动时间	2023年3月15日							
实践作业主题	科幻画		作业时量		120分钟		
作业设计内容	（1）主题：创新引领时代，智慧点亮生活——儿童科学幻想画 （2）表现内容：对未来科学发展的畅想和展望 （3）作品要求： ①可以是对未来城市建设的幻想，如从天到地、从陆地到海洋，日常生活、环境变迁、城市建设、植物演变与发展 ②可以是对自然灾害的预防或自救，如地震、海啸、雾霾、火灾、疾病等解决措施，可涉及通信技术、生命科学、能源技术等学科 ③可以是生活中的一些小发明，如纳米技术、网络技术、生态保护、绿色商品等方面的科技内容 ④可以是宇宙探索方面的内容，如登陆月球、土星等						

续表

	（4）作品形式：水彩画、水粉画、蜡笔画、版画、粘贴画、电脑绘画等画种，作品风格及使用材料不限 （5）作品要求：版面整洁，构图完整，具有原创性、新颖性、科学性 （6）在作品背后右下角必须贴上标签，写明作品名称、作者姓名、班级、作品创意说明等
创新作业解读	通过科幻画主题活动培养学生的科学意识，鼓励学生从小对科学产生兴趣，充分挖掘学生的想象力、创造力，培养学生的科幻意识

第四周作业设计

学科组	科学	设计者	学生2人	年级	5~6年级
活动时间	2023年3月22日					
实践作业主题	驾驭未来		作业时量		60分钟
作业设计内容	①提前自备DIY橡筋直线车、DIY太阳能直线车、四驱车等车模 ②利用无作业日进行组装 ③在老师的组织下将自制车模在学校进行展示				
创新作业解读	利用无作业日布置学生完成自制车模，锻炼学生的动手能力、思维能力，了解电学、力学等动力学知识				

五、课程活动设计与实施

（一）综合实践作业作品展示

在本学期开学之初，科学组教师经过深思熟虑，精心策划了一套全面的综合实践作业活动方案。为了激发学生的科学兴趣，在全校范围内开展了以"我心飞翔""变废为宝""科幻画""驾驭未来"为主题的科创活动。吸引了全校学生的广泛参与，共收到数百份充满创意的作品。经过科学教师的认真评审和严格筛选，最终挑选出了一批优秀作品，在科技长廊进行了全校范围内的展示，以供师生们共同欣赏与学习。

（二）科普大篷车进校园

"科普大篷车"项目携带着十余件融合数学、物理学等多学科领域的科普展品，进入校园。这些展品将声音、光线、电流等科学原理与现象以直观且生动的形式展示给孩子们，旨在激发他们的科学兴趣，培养他们对科学的热爱与探索精神。通过参与这一寓教于乐的活动，孩子们将有机会在愉快的氛围中学习和掌握科学知识，从而为未来的科学探索之路奠定坚实基础。

（三）中国传统文化讲座

为了增进学生对我国深厚科技传统的理解，市非物质文化遗产保护中心精心策划了一场主题为"中国传统香文化"的讲座。授课老师巧妙地运用了丰富的图片资料和深入浅出的讲解方式，同时辅以富有趣味性的互动环节，向全校师生全面展示了中国香文化的独特魅力。通过老师的精心阐释，同学们深刻领悟到传统香文化中蕴含着丰富的科学知识。

（四）科技活动现场挑战赛

在本次科技活动现场挑战赛中，我们特别设置了一年级至四年级的"奥运五环纸飞机靶标赛"以及五、六年级的"竞技叠杯赛"。经过紧张而激烈的角逐，每个班级都成功选拔出了5名表现优秀的选手，他们将代表各自班级参加这两项精彩纷呈的竞赛。我们期待这些选手们在区级、市级赛事中能够继续展现出自己的才华和实力，为班级争光，为科技活动现场挑战赛增添更多的精彩瞬间。

六、活动效果与影响

学生的科学兴趣得到了极大的激发。无论是科幻画的创作，还是自制车模的组装，都让学生在动手实践中感受到了科学的魅力。他们开始主动探索科学原理，积极思考如何将自己的创意转化为现实。这种兴趣的激发，对于培养学生的科学素养和未来的科学探索之路具有积极的推动作用。

学生的动手能力和创新思维得到了锻炼和提升。在制作科技小作品、科幻画以及车模的过程中，学生需要运用所学知识，结合自己的想象和创意，进行独立思考和解决问题。这不仅锻炼了他们的动手能力，还培养了他们的创新思维和解决问题的能力。

增强了学生之间的合作与交流。在制作过程中，学生需要相互协作，共同解决问题。这种合作与交流不仅有助于培养学生的团队合作精神，还让他们学会了如何与他人有效沟通，共同进步。

得到了家长和社区的高度认可和支持。家长们纷纷表示，这样的活动既能够让孩子在愉快的氛围中学习科学知识，又能够培养他们的动手能力和创新思维，非常有意义。社区也对我们的活动给予了高度评价，认为这有助于提升整个社区的科学文化氛围。

进一步提升办学品质。我们的科技活动不仅吸引了校内师生的广泛关注，还得到了社会各界的关注和赞誉。这为我们学校进一步开展科技教育、培养科技人才奠定了坚实的基础。

综上所述，本次科技活动取得了显著的效果和深远的影响。我们将继续努力，为学生提供更多有趣、有益的科技活动，培养他们的科学素养和创新精神，为他们的未来发展奠定坚实的基础。

七、活动反思

通过本次活动，我们致力于在学生的心灵深处点燃创新的火花，同时强化他们的思政素养和道德品质。在活动中，学生将有机会锻炼自己的实践能力，增强创新意识，这将为他们未来的学术和职业生涯奠定坚实的基础。我们期望通过这一平台，不仅可以培养学生的专业技能，更能塑造他们健全的人格和崇高的道德情操，为他们的全面发展提供有力的支持。

做热爱劳动的雷小锋

——东郡小学3月劳动节暨综合实践作业展示活动

一、活动背景

中共中央办公厅、国务院办公厅印发的《关于进一步减轻义务教育阶段学生作业负担和校外培训负担的意见》以及《中共中央 国务院关于全面加强新时代大中小学劳动教育的意见》为我们指明了方向。强调劳动教育在培养学生全面素质中的重要性,特别是在塑造学生的道德观念、劳动态度和社会责任感方面。在这样的背景下,东郡小学积极响应,通过"郡园'雷小锋',劳动我最行"劳动节暨综合实践作业展示活动,引导学生树立正确的劳动价值观。这样的活动不仅让学生体验到了劳动的乐趣和价值,更让他们深刻理解了劳动人民的辛勤付出和伟大精神。

此外,这样的活动也有助于增强学生的实践能力。在实践中,学生不仅能够将所学知识运用到实际中,更能在实践中发现问题、解决问题,进一步提升自己的综合素质,有助于培养学生的社会责任感。通过参与劳动,学生更能体会到自己作为社会一员的责任和使命,从而更加珍惜和尊重他人的劳动成果,为社会的和谐发展贡献自己的力量。

二、课程活动设计理念

基于"知行合一"的哲学思想,强调理论知识与实践活动的紧密结合。我们深知,单纯的课堂讲授无法让学生真正理解劳动的价值和意义,唯有通过亲身参与、亲身体验，才能让学生在劳动中感受成长，在成长中领悟劳动的真谛。鼓励学生积极参与各类劳动实践活动，如家庭劳动、社区服务等，让学生在实践中体验劳动的乐趣，培养劳动的习惯，掌握劳动的技能，感悟劳动的价值。

综合性与实践性：通过综合实践作业的形式，引导学生将所学知识与劳动实践相结合，通过实际操作、观察记录、总结反思等环节，培养学生的创新思维和实践能力。

情感性和价值性：在劳动实践中，我们鼓励学生关注劳动人民的辛勤付出，感恩劳动人民的伟大精神，培养学生的感恩之心和责任感。同时，我们也希望通过这样的活动，让学生认识到劳动不仅是生存的需要，更是实现个人价值、推动社会进步的重要途径。

让学生在劳动中体验成长，在成长中感悟劳动，通过实践活动培养学生的综合素质和社会责任感，为他们的未来发展奠定坚实的基础。

三、课程活动目标

（一）增强劳动意识，树立劳动价值观

通过实践活动，让学生深刻认识到劳动的重要性，理解劳动对个人成长和社会发展的意义。引导学生尊重劳动、热爱劳动，树立正确的劳动价值观，培养他们成为具有社会责任感、勤劳踏实的新一代。

（二）提升实践能力，培养创新精神

通过综合实践作业，让学生在实践中掌握劳动技能，提升动手能力和解决问题的能力。鼓励学生发挥创新精神，尝试新的劳动方法和技巧，培养他们的创新思维和实践能力。

（三）培养团队合作精神，增强集体荣誉感

在活动中，鼓励学生通过小组合作的形式完成实践作业，培养他们的团队合作精神和协作能力。通过集体展示和评比，增强学生的集体荣誉感和归属感，让他们更加珍惜集体的荣誉和成果。

（四）促进家校共育，形成教育合力

通过劳动节活动，加强学校与家庭之间的联系，促进家校共育。引导家长关注孩子的劳动教育，鼓励他们在家庭中为孩子提供劳动机会，共同培养孩子的劳动习惯和价值观。

（五）丰富校园文化生活，营造和谐校园氛围

通过丰富多彩的活动形式和内容，丰富校园文化生活，增强校园活力。让学生在轻松愉快的氛围中参与劳动实践，感受劳动的乐趣和价值，营造和谐、积极向上的校园氛围。

通过本次活动的实施，我们期望能够全面提升学生的综合素质和社会责任感，为他们的未来发展奠定坚实的基础。同时，希望通过这样的活动，推动学校劳动教育工作的深入开展，为培养更多具有创新精神和实践能力的优秀人才作出贡献。

四、课程活动设计与实施

每周的主题分别是"我是巧手雷小锋""我是清洁雷小锋""我是厨艺雷小锋""雷小锋在行动"四个主题进行，具体实施内容由各班自定，以下具体内容供大家参考。3月底将在学校微信推送各班级优秀劳动成果。

（一）"我是巧手雷小锋"主题周

在这一周中，学生将动手进行各种手工艺品的制作。他们可以利用家中的废旧物品，通过巧手改造，变成有用的物品或者装饰品。比如，用废旧纸盒制作小房子，用废旧布料制作布娃娃等。这个活动的目的是让学生体验到劳动的乐趣，同时培养他们的创新能力和环保意识。

（二）"我是清洁雷小锋"主题周

在这一周中，学生将参与家庭清洁工作。他们可以帮助父母打扫房间、整理书桌、清洗衣物等。通过这个活动，学生能够了解到劳动的重要性，体会到父母的辛勤付出，同时也培养了他们的自理能力和责任感。

（三）"我是厨艺雷小锋"主题周

在这一周中，学生将尝试亲手制作简单的美食。他们可以学习烹饪技巧，

亲手制作一道美味的菜肴，与家人分享。这个活动的目的是让学生了解食物的来之不易，培养他们的生活技能，同时也增进家庭成员间的亲情交流。

（四）"雷小锋在行动"主题周

在这一周中，学生将走出家门，参与社区的志愿服务活动。他们可以帮助社区清理垃圾，绿化环境，或者到敬老院、孤儿院等地方进行志愿服务。通过这个活动，学生能够了解到劳动的社会价值，培养他们的公民意识和社会责任感。

通过这次"郡园'雷小锋'，劳动我最行"劳动节暨综合实践作业展示活动，学生不仅能够深入了解劳动的意义和价值，还能够提升他们的实践能力和社会责任感。我们相信，在未来的日子里，这些"雷小锋"们一定能够成为懂劳动、会劳动、爱劳动的时代新人，为社会的发展和进步贡献自己的力量。

3月无书面作业日劳动实践清单

第一周：3月4日至3月10日	主题：我是巧手雷小锋
一年级	折风车
二年级	折纸船
三年级	制作灯笼
四年级	剪窗花
五年级	制作风筝
六年级	制作皮影
成果形式	拍照留存劳动过程，优秀传统工艺作品在各班劳动老师指引下在班级分享，撰写劳动心得。在3月的雷小锋义卖活动中进行义卖（以上劳动内容仅供参考）

备注：上交评价表格即可，表格下载链接附后（表格上交班级劳动老师）

第二周：3月11日至3月17日	主题：我是清洁雷小锋
一年级	洗抹布、擦拭桌椅
二年级	洗碗筷、洗红领巾
三年级	清洗自己的鞋袜
四年级	清洗自己的书包
五年级	清洗自己的衣物
六年级	清洁家庭厨房
成果形式	拍照留存劳动过程，撰写劳动心得（以上劳动内容仅供参考）

第三周：3月18日至3月24日	主题：我是厨艺雷小锋
一年级	泡茶
二年级	削水果皮
三年级	做凉拌菜
四年级	制作水果拼盘
五年级	煎鸡蛋
六年级	炖汤
成果形式	拍照留存劳动过程，撰写劳动心得。在3月的雷小锋义卖活动中进行义卖（以上劳动内容仅供参考）

第四周：3月25日至3月31日	主题：雷小锋在行动
一年级	参与学校或社区志愿服务劳动一次
二年级	回家选做一项家务
三年级	对教室进行大扫除
四年级	打扫学校公共卫生
五年级	做一名营养师，选择一道长沙的传统美食，从营养结构的角度改进，形成一份更健康美味的美食，并在学校进行推广
六年级	回家做饭给爸妈吃
成果形式	拍照留存劳动过程，撰写劳动心得（以上劳动内容仅供参考）

评优说明：本次评选活动，每个劳动项目设立单项奖，通过班级、学校遴选，原则上每个项目的获奖人数不超过参与人数的10%，并获得学校大队部的劳动章。另获评3种及3种以上的优秀单项奖的同学，可获得"劳动小达人"称号并予以颁奖。

五、课程活动特色

本次"郡园'雷小锋'，劳动我最行"劳动节暨综合实践作业展示活动，不仅具有鲜明的课程特色，还取得了显著的效果。

（一）劳动与德育相结合

活动通过引导学生参与劳动实践，将劳动教育与德育紧密结合。学生在劳动中学会感恩、学会自理、学会合作，培养了他们的社会责任感和公民意识。同时，活动还注重培养学生的创新精神和实践能力，让他们在实践中发现问题、解决问题，提升自身的综合素质。

（二）家校共育，形成合力

活动倡导家校共育的理念，引导家长关注孩子的劳动教育，鼓励他们在家庭中为孩子提供劳动机会。家校之间的密切配合，使劳动教育在家庭和学校两个场景中得以延续和深化，形成了教育合力。

（三）丰富多彩的活动形式

活动采用多样化的活动形式，包括手工制作、家庭清洁、美食制作、社区服务等，让学生在轻松愉快的氛围中参与劳动实践，感受到劳动的乐趣和价值。同时，活动还注重实践性与趣味性相结合，让学生在劳动中收获成长与快乐。

六、课程活动效果与反思

（一）学生综合素质得到提升

通过参与活动，学生的综合素质得到了显著提升。他们不仅学会了基本的劳动技能，还培养了良好的劳动习惯和价值观。同时，学生的创新能力、实践能力、团队协作能力等方面也得到了锻炼和提升。

（二）家校关系更加和谐

活动促进了家校之间的沟通与合作，增进了彼此之间的了解和信任。家长更加关注孩子的劳动教育，支持学校的工作；学校也更加了解家长的需求和期望，为家校共育提供了更好的条件。

（三）社会反响积极

活动得到了社会各界的广泛关注和积极评价。家长纷纷表示，这样的活动既锻炼了孩子的劳动能力，又培养了他们的社会责任感和公民意识，非常有意义。同时，活动也提升了学校的知名度和美誉度，为学校的长远发展奠定了坚实的基础。

本次"郡园'雷小锋'，劳动我最行"劳动节暨综合实践作业展示活动，以其鲜明的课程特色和显著的效果，为学校的劳动教育工作注入了新的活力，也为培养更多具有创新精神和实践能力的优秀人才作出了积极的贡献。

手写心志传承优秀文化
——书法励志格言课程活动

一、活动背景

《中小学德育工作指南》明确提出,"开展家国情怀教育、社会关爱教育和人格修养教育,传承发展中华优秀传统文化,大力弘扬核心思想理念、中华传统美德、中华人文精神,引导学生了解中华优秀传统文化的历史渊源、发展脉络、精神内涵,增强文化自觉和文化自信。"书法励志格言课程活动旨在弘扬中华优秀传统文化,通过手写心志的方式,引导学生树立正确的价值观,激发他们逐梦少年的豪情壮志。本活动以书法为载体,结合励志格言,让学生在书写中感受中华文化的博大精深,体验书法艺术的独特魅力,培养他们的审美情趣和人文素养。

二、活动目标

培养学生的书法兴趣和爱好,提高他们的书法水平,传承和弘扬中华书法文化;通过书写励志格言,引导学生树立正确的价值观和人生观,激发他们积极向上的精神风貌;增强学生的文化素养和审美能力,促进他们的全面发展;深化爱国情感,培养道德情操。励志格言蕴含深刻道德智慧,学生在书写中领悟其道德内涵,树立正确道德观念。为培养更多具有高尚品德和卓越才能的青少年贡献力量。

三、活动内容

为提高学生的汉字书写能力与书法审美水平、弘扬中华优秀传统文化，促进学生的全面发展，推进学校内涵发展，东郡小学开设了励志格言"书法+语文"的跨学科课程，综合国学文化，以格言为中心，通过理解大意、书写作品、感悟内涵三大途径引导学生传承中华优秀传统文化。为此，学校在校门口为孩子们打造了展示专区，选拔学生优秀"格言"作品在校门口张贴展览，并且定期每周更换一次，让更多孩子参与进来，展现郡园学子之风采。

四、活动设计与实施

（一）书法组通过微信公众平台发布征集令

书法组将在微信公众平台发布征集令，鼓励学生积极参与。学生将围绕"郡园十节"当月主题，创作一幅与主题相关的励志格言书法作品，并准备一份心得感悟。我们将为学生提供必要的书法材料和指导，确保他们能够充分展现自己的书法才华和创意。

（二）升旗仪式进行展示

在升旗仪式上，我们将举行隆重的展示环节。校长和书记将亲自为获得"郡园小书家"称号的学生颁发证书，并为他们的作品揭幕。同时，小小书法家们将上台分享自己的格言感悟，让全校师生共同感受逐梦少年的豪情壮志。

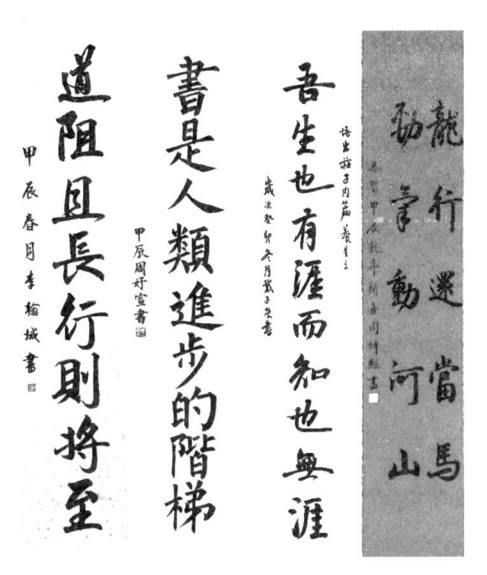

◎小小书法家作品展示

（三）宣传展示

小小书法家将作品展示在校门口的橱窗内。我们将定期更换橱窗内的作品，让更多的孩子有机会展示自己的书法才华和感悟。同时，我们也将利用学校网站、微信公众号等渠道，对活动进行广泛宣传，让更多的人了解并参与到我们的书法励志格言课程活动中来。

（四）大众评选

在作品展示期间，我们将组织大众评选环节，让全校师生、家长以及社会各界人士共同参与评选。评选过程将遵循公开、公平、公正的原则，根据作品的书法水平、格言内容、感悟深度等多个维度进行综合评定。

评选结果将在学校官方网站、微信公众号等平台上公布，并设立奖项对优秀作品进行表彰。同时，我们还将邀请获奖者分享他们的创作心得和感悟，让更多的人了解和感受到中华优秀传统文化的魅力。

通过大众评选环节，我们旨在让更多的人关注书法励志格言课程活动，了解学生在活动中的成长和收获，同时，激发学生的创作热情和参与度，推动学校文化内涵的不断提升。

（五）感悟分享

活动结束后，组织学生利用班队活动，进行感悟分享活动。学生可以通过文字、图片、视频等多种形式，分享自己在活动中的学习心得、成长经历和收获成果。这不仅可以加强学生之间的交流与互动，还可以让他们更加深入地理解和感悟中华优秀传统文化的内涵和价值，并上传"人人通"平台。

感悟分享活动将为学生提供一个展示自我、交流学习的平台，同时也是对活动成果的一次全面总结和展示。我们相信，通过这样的活动，学生将更加珍惜中华优秀传统文化的传承与发展，更加坚定地走好自己的人生道路。

五、活动评价

评价量表：

评价项目	评分标准	分值
书法技艺	①笔画流畅，结构匀称，字迹清晰（10分） ②墨色均匀，浓淡相宜，无晕染现象（10分） ③布局合理，整体美观，符合书法审美标准（10分）	30分

续表

评价项目	评分标准	分值
格言内容	①格言紧扣当月主题，内容积极向上，具有启发性（10分） ②格言表达准确，语言简练，易于理解（10分） ③格言能够引起共鸣，激发学生的情感和思考（10分）	30分
感悟深度	①学生对格言内涵有深刻的理解，能够准确表达自己的感悟（10分） ②感悟内容真挚，情感饱满，能够引起听众共鸣（10分） ③感悟能够启发他人思考，具有一定的教育意义（10分）	30分
整体表现	①学生在展示过程中表现出良好的台风和自信（5分） ②学生能够流利地表达自己的感悟，语言流畅，条理清晰（5分）	10分
总分		100分

六、活动反思

书法励志格言课程活动结束后，我们通过梳理活动过程和成果，总结经验教训，发现不足之处，为今后的活动提供改进和完善的方向。

同时，我们还将对活动中涌现出的优秀作品和先进典型进行表彰和宣传，树立榜样，激发更多学生积极参与到中华优秀传统文化的学习和传承中来。

通过这样的活动总结和表彰，我们将进一步推动书法励志格言课程活动的发展，为培养更多具有文化素养和人文精神的学生作出积极贡献。

七、活动特色与效果

经过一系列精心策划和组织实施的书法励志格言课程活动，我们取得了显著成效。

首先，本次活动极大地激发了学生的书法兴趣与热爱之情。通过参与书法创作与展示，学生不仅有效提升了书法技艺，更对中华书法的深厚底蕴与独特魅力有了更为深刻的认识。他们纷纷表示，将以此为契机，更加努力地学习书法，积极传承与弘扬中华书法文化。

其次，活动有效引导学生树立正确的价值观与人生观。通过书写励志格言，学生深刻领会了格言中所蕴含的深刻哲理，进一步明确了自己的人生目标与方向。在分享感悟时，他们纷纷表示将以此为动力，刻苦学习、积极向上，为实现人生理想而不懈奋斗。

此外，活动还显著提升了学生的文化素养与审美能力。在创作与欣赏书法作品的过程中，学生不仅提高了审美水平，更对中华优秀传统文化有了更为深入的了解与认识。他们开始更加注重个人言行举止与文化修养，展现出更加文明、自信的精神风貌。

最后，活动深化了学生的爱国情感与道德情操。通过书写励志格言，学生深刻领悟了中华民族的传统美德与道德智慧，树立了正确的道德观念，他们在日常生活中更加注重道德修养与品行塑造。

综上所述，书法励志格言课程活动取得了显著成效，不仅提升了学生的书法技艺与文化素养，更引导他们树立了正确的价值观与人生观。我们坚信，通过此类活动的持续开展，学生将更加珍视中华优秀传统文化的传承与发展，为实现中华民族伟大复兴的中国梦贡献自己的力量。

八、活动示例

（一）格言感悟一

"郡园小书家"唐诗轶同学分享格言感悟：大家好，我是来自六（7）班的唐诗轶，我书写的励志格言是篆书作品"一寸光阴一寸金"。它出自《增广贤文》中的"一寸光阴一寸金，寸金难买寸光阴"。这句话的意思是一寸光阴和一克黄金一样昂贵，而一寸长的黄金却难买到一寸光阴。这也告诉我们时间是很珍贵的，不要把时间用在不重要的地方。正因为我从小练习书法，才有了这样宝贵的机会展示自己，而这是金钱买不到的。所以，我们要珍惜时间，提醒周围的人不要浪费时间。同学们，时间就是金钱，但是金钱不能代替时间，让我们用有限的时间去创造无限的可能吧！

（二）格言感悟二

大家好，我是来自六（4）班的李雨轩，我书写的励志格言是行书作品"玉不琢，不成器；人不学，不知义"，出自《三字经》，意思是：玉不打磨雕刻，不会成为精美的器物；而人不懂得学习，以自己的知识、技能来实现自己的价值，就不懂得礼仪，不能成才。

我一直以这句话激励自己，也是这句话一直提醒着我：璞玉当磨砺，学海应无涯。在生活、学习中每每遇到挫折、困难想要后退时，是这句话让我一路坚持不放弃。同学们，我们作为小学生，在漫漫人生途中，还是待琢的璞玉，"玉不琢，不成器"往更深一层思考，这句话也蕴含着教育和学习的基本规律，老师们一直都在根据我们的情况因材施教，希望把我们这些璞玉雕琢成为对国家、对社会的有用之器，栋梁之材，我们要做的就是努力学习，让自己不断磨砺，逐渐成长为社会的有用人才。

（三）格言感悟三

岁月静好，初春郡园遇见你！各位老师，各位同学，上午好。我叫周妍熙，来自六（6）班。在此恭祝大家：

龙行龘龘（dá dá）　　　　　前程朤朤（lǎng lǎng）

生活䲜䲜（yè yè）　　　　　智慧䲜䲜（chēn chēn）

我书写的励志格言是"龙行还当马，劲气动河山"。据说常胜将军赵云身先士卒，勇猛无比，夺回了失地之后，家乡人民为他举行了一场盛大的庆祝活动，并送给他一副对联："龙行还当马，劲气动河山。"

这副对联富含深厚的文化意蕴和励志元素。在中国传统文化中，龙象征着权力和尊贵，而马则代表着忠诚和勇敢。这副对联通过"龙行还当马"这一表述，告诉我们即使地位显赫，也要保持谦逊和勤劳，像马一样低调行事，时刻准备服务于人民。而"劲气动河山"则强调了拥有坚定的意志和强大的精神力量，能够克服重重困难，动摇并改变一切阻碍，实现伟大的梦想。这副对联不仅是对龙年的一种美好祝愿，也是对我们每个人的激励。最后请大家再次跟着我朗读一遍：龙行还当马，劲气动河山！让我们努力做祖国和人民需要的好孩子，做祖国和人民事业发展的接班人！

让"争让"精神代代相传
——参观许光达故居思政活动设计

一、活动背景

《中小学德育工作指南》中"小学中高年级"明确提出,"要教育和引导学生热爱中国共产党、热爱祖国、热爱人民,了解家乡发展变化和国家历史常识,了解中华优秀传统文化和党的光荣革命传统"。在此基础上,场馆思政活动是学科实践教学的有效载体,我们围绕"红色精神我传承"大主题教学活动,将育人环境丰富至各大场馆,本次活动走访长沙红色人物纪念馆——许光达故居,以了解其红色故事,传承力争报国、谦虚礼让的红色精神为核心教学内容,将学习活动转化为情境性的直观体验,调动学生直观参与到活动中,在思想上生成共情体验,汲取红色故事所蕴含的精神力量,不断增强学生的社会责任感、民族认同感、创新精神和实践能力。

二、活动目标

加深学生对许光达的认识与敬仰,学习许光达力争报国、谦虚礼让的红色精神,强化爱国主义情怀,增强国家发展责任感,使红色革命精神代代相传;通过实地参观、缅怀英烈等形式,培养学生的观察能力以及教会学生如何收集资料、整理资料、分析资料、运用资料讲述红色故事,懂得珍惜今日幸福生活。

三、活动内容

号召学生学习装甲兵之父——许光达的故事，通过国旗下讲话、广播站、电视台等阵地讲述其故事，在校园营造浓厚的纪念氛围，为场馆实践活动做铺垫。重点在四年级开展以下主题教育实践活动。

（一）故事收集分享

通过收集资料，广泛阅读，初步了解许光达生平，初步体会人物精神。

（二）争让精神入心

组织四年级全体师生参观许光达故居，看现场，听讲解，让争让精神深入学生的内心，并引发思考：是什么支撑许光达忍受弹伤学习坦克技术，带伤抗战，谦让军衔？感受许光达的内心信仰与精神信念，从榜样中汲取力量。

（三）争让精神导行

参观结束后，引导学生写观后感、读后感，组织学生开展征文、演讲比赛，引领学生树立理想信念，让"争让"精神落实到学习生活的点点滴滴。

四、活动设计与实施

在四年级全体学生当中开展许光达书刊、故事阅读活动，以班级为单位，通过推荐、交流、讲述故事等形式，打开历史的画卷，了解许光达生平，初步感受许光达的革命精神。

（一）导入

长沙县黄兴镇光达村，最年轻的开国大将许光达在这里出生。毛主席曾称赞他为"共产党人自身的明镜"。走进许光达故居，立于正门口的这块石碑就是"让衔碑"。

（二）理解让衔，诵读让衔书

让衔，就是将自己更高的军衔荣誉让给别人。1955年秋天，全军实行军衔制，许光达在得知自己被授予大将军衔时，当即向军委副主席贺龙同志提出降低自己衔位的请求，由于未获得立刻回应，他连夜又写下了一封情真意切的"让衔书"提交领导。让我们一同诵读。读后提问，解惑。

（三）探索让衔之缘由

组织四年级各班学生有序参观许光达故居，带着问题"为何让衔"进入场馆寻找答案。

预设：因为他觉得自己战功不够，在中国革命最艰苦的时期，自己因为疗伤帮不上忙，而战友们在敌人层层包围下艰苦奋战，献出生命。这让他觉得与战士们相比自己对革命的贡献是微不足道的。

（四）三争三让入人心

"谦让"已成为许光达家族世代传承的家风，他的一生是谦让奖赏的一生，但他主动谦让，真的是他战功不够，对革命的贡献微不足道吗？你还从场馆中发现了哪些故事？学生讲完后，教师补充三争三让故事。

1. 在中华民族最危险的时候争着干革命

大革命时期，许光达经常争着冲锋杀敌，多次受伤；1932年，许光达在一次战役中身负重伤，当时子弹距离他的心脏仅10厘米，经过三次手术，由于子弹太深，还是没能取出来，情况越来越危急，中央立即命人将他送往上海的医院治疗，可上海的医生依然没有把握取出，中央又将他送去医疗技术更为先进的苏联进行抢救，最终才取出子弹。在苏联疗伤期间，他忍受着巨大的伤痛，认真扎实地学习坦克、大炮等技术，只为将先进的技术带回国。

2. 抗日战争全面爆发后争着回国抗日

1937年卢沟桥事变后，他心急如焚争着回国抗日，拒绝了苏联红军司令的诚心挽留。

3. 在延安干部教育培训工作风生水起时争着上前线

回国后，党中央为了他的身体着想，便安排他到延安抗大进行党员干部的培训工作。当时的延安，作为中共中央的指挥地和总后方，接连17次被日寇轰炸。教室外炮火轰鸣，弹片如雨，整个延安被浓重的硝烟和血腥的气息笼罩，人们流离失所，无家可归，随时面临着死亡的威胁。身处这样的战乱中，许光达不愿站在讲台上挥动笔杆，他想要举起枪杆上前线杀敌。在多次力争下，他担任了八路军一二〇师第2旅旅长，身为旅长的他，总是身先士卒冲锋在第一线，与战士们一起奋勇杀敌，立下了不朽的功勋，为中国的抗日战争作出了巨大的贡献。

（五）体会许光达三争三让的革命精神

什么是许光达的"争让"精神？热爱祖国、勤学刻苦、努力上进、敢为人先、英勇无畏、敢于牺牲、无私奉献、淡泊名利等。

（六）知行合一，成果展示

（1）讨论："争让"精神让你联想到了谁？如何让"争让"精神融入我们的学习和生活？

（2）参观结束后，学生写下自己的感受，进行班级讨论展示。

（3）组织"争让精神伴我成长"演讲比赛，扩大活动影响，进一步引导学生树立远大理想。

五、活动评价

展示性评价：阅读许光达书刊、故事，举行讲故事活动；参观结束进行观后感的展示；最后进行演讲比赛的展示评价。

六、活动反思

本次校外思政实践活动将思政教育与长沙红色纪念场馆"许光达故居"相结合，让学生在轻松愉快的氛围中学习、体验、成长。这种教学模式不仅在学习与实践的过程中，让学生有兴趣地探寻大将许光达的英雄事迹和崇高品格，切实提升了学生的品德修养和政治认识，更增强了他们对国家的热爱，决心从自身做起，以实际行动践行礼让谦虚、力争报国的伟人精神。

"半条被子"故事中的鱼水情深
——走进"半条被子的温暖"专题陈列馆思政实践活动设计

一、活动背景

《中小学德育工作指南》明确提出:"引导学生深入了解中国革命史、中国共产党史、改革开放史和社会主义发展史,继承革命传统,传承红色基因,深刻领会实现中华民族伟大复兴是中华民族近代以来最伟大的梦想,培养学生对党的政治认同、情感认同、价值认同,不断树立为共产主义远大理想和中国特色社会主义共同理想而奋斗的信念和信心。"爱国主义教育是培养小学生爱国情怀、传承民族精神、弘扬中华文化的关键环节。就小学生而言,爱国主义是一种社会主义核心价值观,是他们健康成长的基石。因此,我们将场馆实践课程与爱国教育有机结合,围绕"红色精神我传承"大主题教学活动,借助红色纪念馆,将育人环境丰富至湖湘各大场馆,以了解红色故事,感受红色湖湘文化,传承红色基因,弘扬革命精神为核心理念,走进"半条被子的温暖"专题陈列馆,学习"半条被子"的故事,将学习活动转化为情境性的直观体验,调动学生直观参与到活动中,加深对"半条被子""红军精神"的感受与理解,在思想上得到革命精神的熏陶,树立正确的世界观、人生观、价值观,在实践中获得解决问题的关键能力。

二、活动目标

通过学习"半条被子"的故事，理解"半条被子"的精神内涵，强化爱国主义情怀，增强国家发展责任感，使红色革命精神代代相传；通过实地参观、展览馆寻宝等形式，培养学生的观察能力以及收集资料、整理资料、分析资料、运用资料讲述红色故事的综合能力，深入理解"长征精神"及其对人民生活的影响，培养学生热爱祖国、热爱中国共产党、热爱当下美好生活的情感。

三、活动内容

本课程围绕"信念·精神·传承"主题，开展以下爱国主义教育实践活动。

（一）长征精神谨记心间

通过收集资料，参观场馆，听红色故事，悟鱼水深情。

（二）场馆探寻发人深省

组织学生寻红色文物，知背后故事，悟革命胸怀，习长征精神。感受红军的内心信仰与精神信念，从榜样中汲取力量。

（三）革命精神引领前行

参观结束后，分享感悟，向革命英雄致敬，引领学生树立理想信念，弘扬、传承革命精神，落实到学习生活的点点滴滴。

四、活动设计与实施

课前提前规划场馆路线，保持足够空间供学生活动，每组一份寻宝图及记录单，并邀请徐解秀孙女讲述"半条被子"的故事。学生通过推荐、交流、讲述故事等形式，提前了解一些长征故事。

（一）导入

同学们，我们今天来到的是郴州市汝城县文明瑶族乡。这个地方很特别，八十多年前，中央红军长征曾途经这里。孩子们，你们了解长征吗？谁能来说一说。

师简介长征：1934年10月，中央红军为了脱离敌人的"围剿"，从江西瑞金出发，开始了长达一年多的征程。长征途中，红军遭遇的战斗在400场以上，平均每三天就发生一次激烈的大战，每300米就有一名红军战士牺牲。在漫漫征途中，前有拦敌，后有追兵，我们的红军战士就这样跨过了一座座大山，蹚过了一条条大河，翻雪山，过草地，走过了二万五千里。

中央红军在经过这里的时候，发生了一件非常感人的故事，那就是"半条被子"的故事。今天，我们邀请到了故事的主人公徐解秀老人的孙女，请她现场为我们讲述这个动人的故事。

（二）活动一：听红色故事，悟鱼水深情

场景：徐解秀故居三名女红军借宿的房间。

（1）请徐解秀孙女讲述"半条被子"的故事。

（2）小组讨论：听完故事，结合此情此景，说说三名女红军为什么只有一条被子，也要剪下一半送给老人？

（3）老师适时引导"半条被子"的精神内涵。

①这是人民至上的赤子情怀："半条被子"的背后，是三名红军女战士宁可自己受苦也不让群众受苦的朴素愿望，让人民群众看到了中国共产党敬民如天的初心，彰显着共产党人的赤子情怀。为之奋斗的一切，都是为了让老百姓过上好日子。

②这是军民情深的守望相助：一条棉被，剪成两半，永远相连，温暖着亿万老百姓的心，记录着共产党人与老百姓之间的温暖亲情，这就是党和人民不可分离的鱼水之情。

（4）老师总结：同学们，"半条被子"精神一半留下的是温暖，一半带走的是希望；一半留下的是初心，一半扛上的是使命；一半留下的是牵挂，一半注入的是动力；一半留下的是企盼，一半谱写的是华章。"半条被子"精神承载了厚重的历史价值，蕴藏着深远的时代意义。

（5）接下来，就让我们一起到"半条被子的温暖"专题陈列馆，去那里进一步探寻长征精神。

（三）活动二：寻红色文物，习长征精神

场景：步行至"半条被子的温暖"专题陈列馆。

1. 分小组活动

以"展览馆寻宝"的形式，每个小组将获得一张老师的寻宝图，15分钟内完成以下任务。

（1）给合作小组取名字。

（2）组长带领组员共同明确任务要求。集合地点：二楼展厅"半条被子"雕像前集合（五个小组寻宝物："三大纪律、八项注意"的单子、新棉被、一张借据、一片山楂片、红军小药箱）

（3）寻找到指定的红色文物，了解文物背后的故事。

（4）讲讲本组所了解到的故事，说说从这些文物故事中感悟到了怎样的精神力量？

2. 小组汇报

汇报名字，任务完成情况，谈谈自己感受到了什么力量？

3. 教师根据资料点拨学生

（1）"三大纪律、八项注意"和"一片山楂片"体现红军秋毫不犯的严明纪律：漫漫长征路上，红军不仅要同凶恶的敌人进行殊死搏斗，还要与恶劣的自然环境不断斗争。即使物资匮乏，条件艰苦，也自觉遵守"三大纪律、八项注意"，坚决不拿群众一针一线。在汝城期间，战士们都睡在屋檐下、空地里，在野外架锅煮饭，不仅没有乱动村民的东西，还帮助村民们打扫卫生、砍柴挑水。军爱民，民拥军，当年汝城全县12万多人中，为红军挑担、带路、做掩护等拥军的群众就有1.5万余人，这是红军长征胜利的重要保证，也是中国共产党革命胜利的重要法宝。

（2）"新棉被"和"一张借据"体现了红军信守承诺、说到做到的作风。"为人民谋幸福"是我们党的初心，也是我们党对人民许下的庄严承诺。三名女红军对徐解秀许下了坚定承诺：等革命胜利了，会回来看她，并送她一条新被子。共产党人用生命和热血推翻了压迫在人民头上的"三座大山"，实现了"革命胜利"的这句诺言。但徐解秀念兹在兹的女红军再也不能回来看她了。共产党没有忘记这个诺言,邓颖超、康克清等参加红军长征的老一辈革命家特意托人看望徐解秀,并带来一条崭新的被子给她,实现了当年三位女红军的承诺。"一张借据"里,共产党将尘封已久的借据按时价折算归还给了胡四德的唯一继承人胡四海。"借据"和"新被子"都见证了共产党人言必信、行必果的行动准则,体现了共产党人"信守承诺、说到做到"的精神特质。

(3)一只藤碗。彰显了"红军关爱百姓、百姓拥护红军、军民团结一家亲"的美好情感。

4. 老师总结

同学们,长征已经过去了70多年,那段红色的历史可能已经逐渐淡出了人们的视线。但是,作为一个中国人,我们有责任牢牢记住那段历史。刻进我们记忆、刻进我们生命的,不仅仅是一件件红色文物、一个个红色故事,更是一种叫作长征的精神!这种精神,来源于为了革命理想、为了人民百姓,有大胸怀、大气魄的真正的——伟人!让我们一起呼唤他的名字!——红军战士!

(四)任务三:探红色村落,感时代巨变

场景:步行至沙洲文化广场。

孩子们,刚刚一路走来,你看到了什么?在故居和展览馆我们看到了以前沙洲村的面貌,你有什么感受?

师总结:现在的沙洲人民是多么幸福,后辈接过了接力棒,共同建设红色景区,一起精准脱贫奔小康。80多年前的温暖跨越时空,温暖了整个中国。历史奔流不息,长征精神影响着一代又一代奋斗者。

(五)总结

场景:广场"半条被子"雕塑前。

(1)我们现在站在"半条被子"的雕塑前,凝望这些英雄,你有什么话想对他们说?

(2)师总结:放音乐《半条被子的温暖》,师总结:"半条被子"留下的一半是初心,扛走的一半是使命;留下的一半是希望,扛走的一半是责任。

这是伟大的革命精神。同学们，从现在开始让心中种下的红色种子陪伴我们茁壮成长。相信我们不会忘记那些为革命牺牲的英雄，不会忘记那些为祖国富强而奋斗的前辈。

（3）大家和老师一起宣誓：我们一定会刻苦钻研，发奋学习，争做新时代好少年，为实现中华民族伟大复兴而时刻准备着。

（4）拍照。

五、活动评价

（1）观察记录：在整个活动过程中，老师仔细观察学生的参与度、合作态度和创造力等表现情况，并做好记录。

（2）自我评价：鼓励学生对自己的表现情况进行自我评价，以便反思学习过程中存在的偏差。

（3）同伴评价：学生互相分享感悟来评价其对革命精神的理解。学会欣赏他人的优点并提出建设性意见。

（4）教师点评：教师综合点评各组的表现，给出专业的建议和鼓励。

六、活动反思

习近平总书记强调，"革命博物馆、纪念馆、党史馆、烈士陵园等是党和国家红色基因库。要把红色资源作为坚定理想信念、加强党性修养的生动教材，讲好党的故事、革命的故事、根据地的故事、英雄和烈士的故事"。本次活动以"半条被子的温暖"专题陈列馆为传承红色精神的有效载体，让学生在轻松愉快的氛围中，深入学习长征故事、体会"半条被子"所蕴含的共产党人艰苦奋斗、心系群众、为人民谋幸福的坚定信念，更加深入地了解和认识中国共产党的伟大奋斗历程和历史贡献，激发全体学生的爱国热情和社会责任感，为实现中华民族伟大复兴的中国梦贡献力量。

画出我心中最美的老师
——"美在流淌，爱满校园"跨学科思政教学活动设计

一、活动背景

校园的每个区域和板块的装点与翻新，每一处角落和细节的修补与关注，都能传递校园的温度。那如何在校园环境的设计上既能诠释着教育的情怀，又能洋溢着创新的思想呢？每逢佳节的时候，家长会变着花样地向教师"表达感恩"。这种"花样"的"感恩"其实扭曲了尊师的本意。于是学校开展了以"用稚嫩的小手画最美的老师"校园文化艺术角DIY设计为核心教学内容，以描画最美教师的头像为任务的思政教学活动。在教师节这个特别的日子里，学生把描绘老师的作品送给自己的老师，在校园制作成一块大型的"园丁谱"，围绕"美在流淌，爱满校园"大主题教学活动，让校园里这道独特的风景，增强师生间的情感联系，强化学生尊师重道的中华民族传统美德。

二、活动目标

师者，传道授业解惑，"尊师重道"是中华民族的传统美德。孩子们利用画笔描绘了一幅幅生动逼真的教师肖像，既充分展示了学生丰富的想象力和艺术创造力，又体现了教师与学生之间的人文情感交流。

通过了解肖像画的基本特点和简单技法，认识到不同表现手法对作品情感表达的影响，培养学生的观察力、想象力和绘画技能，激发创造力和审美

情趣；掌握基本的肖像画绘制步骤和技巧，如线条勾勒、色彩搭配等；通过描绘老师的形象，增强师生间的情感联系，强化学生尊师重道的中华民族传统美德；通过实际行动表达对教师职业的尊重；学会观察和捕捉"最美老师"的人物肖像特征，通过绘画作品传达对老师的敬爱之情。

三、活动内容

引导学生如何表达对教师的喜爱和尊重。通过带领学生到校园走一走、找一找等各种方法激发学生的创意灵感。在此基础上，讲解肖像画的定义、特点及其在表达敬意中的作用。示范绘制过程，从构图到细化的各个步骤。学生观察老师，捕捉特征，并进行创作。最后分享和讨论作品，评价同学间的画作，学习如何给予建设性的反馈。

四、活动设计

围绕"美在流淌，爱满校园"主题，学校美术组开展以"用稚嫩的小手画最美的老师"为主题的美术项目化学习，单元学习分三个大主题。

主题一："校园文化艺术角的设计"，包含艺术角的选址、主题的确定、造型的设计、标题的样式等如何更好地增强师生间的情感联系，强化学生的尊师重道观念。

主题二："画最美的老师"，学会如何观察和捕捉"最美老师"的人物肖像特征并加以艺术表现，在作品中传达出对老师的敬爱之情。

主题三："艺术角作品的布置和粘贴"，传递校园的温度，诠释教育的情怀。

整个单元学习，通过参与校园艺术角DIY设计，同学们用画笔绘制出了自己心中最可爱的老师，一张张肖像画寄托着同学们对老师的敬仰和喜爱，师生之情跃然纸上。每一张稚趣的肖像画，都是孩子们将内心的崇敬和赤诚倾注于笔尖，用爱细细勾勒，描绘出心中最美的廉洁好老师，传递温暖与美好！

五、活动实施

课前营造一个安静舒适的绘画环境。收集优秀肖像画作品集、人像绘画教程书籍或视频。准备教师的简短视频剪辑,包括教师头像图片、头像名画图片资料、绘画背景音乐的剪辑。同时准备画具:画纸、铅笔、橡皮、彩色铅笔或水彩颜料等。

提出活动的核心问题,是否可以利用校园文化艺术角进行 DIY 设计,来增进师生的人文情怀,从而表达对老师的敬意和感激之情,培养学生的社会责任感和集体荣誉感?

(一)导入

(1)教师出示学生的班级教师的短视频。

(2)提问学生:"他们是谁?""我们用画笔是否可以表达对教师的尊敬和喜爱?那我们一起把自己最爱的老师画下来吧!"

(3)引导学生进行简单的讨论,提升学生的活动参与兴趣。

(二)知识讲解

(1)人像画的定义与描绘教师的意义。

(2)人物头像的特点。

(3)表情与情感的表现。

(4)线条与色彩的运用。

(5)作品的构思与创意表达。

(三)创意表现

(1)用画笔把自己喜爱的老师肖像描绘出来。

(2)写一句对老师表达感谢的话。

(3)老师巡回指导,帮助和解决学生所遇到的困难。

(四)成果展示

准备在校园的一角展示学生的作品,促进校园文化建设,提升师生人文情感。

六、活动评价

（1）对学生的肖像画进行评价，考量其技巧运用和情感表达。

（2）对学生的感谢话进行评价，考量其语言表达能力和感情真挚度。

（3）鼓励学生相互评价，培养他们的批判性思维和公正评价能力。

（4）教师评价应注重学生的进步和努力程度，而不仅仅是作品的最终效果。

（5）评价维度。

①参与度：观察学生的参与程度，是否积极投入画画的过程，是否按时完成画作，画作的质量和细节反映了学生的理解程度。

②技能水平：学生的绘画技能如何影响画作的质量？

③情感表达：画作的内容，特别是关于对老师的情感表达，是一个很好地反映他们内心感受的指标。他们是否真诚地描绘出老师的特征？

④对教育的影响：这个活动是否增加了学生对老师的尊重和感激之情？

⑤知识技能的提升：除了情感表达，还要注意学生是否在画肖像的过程中，提高了绘画技能，了解了更多关于人脸构造、表情等的知识。

七、活动效果与影响

"用稚嫩的小手画最美的老师"这一美术项目化学习活动，在多方面取得了显著成效。学生的参与度高，作品质量出色，教师和学生之间的关系得到了加强，同时学校的整体教育形象也得到了提升。具体来说，学生在艺术表达、创造性思维以及交流合作方面都有了明显的进步。教师感受到了职业的满足和骄傲，而学校则因活动的成功举办而增强了社会影响力。

（一）活动效果评估

（1）学生参与度：本次活动共吸引了来自一年级至六年级的学生参与，体现了活动跨年级的广泛吸引力。通过观察发现，超过90%的参与学生表现出了高度的积极性，他们主动询问活动细节，积极准备绘画材料，并在活动中投入大量时间和精力。学生普遍反映，能够通过绘画表达对老师的感激之情，感到非常新鲜和兴奋。

（2）作品质量：评审团对所有提交的作品进行了评审，发现学生使出了"绝技"，其中有200幅左右作品在创意表现上尤为突出，这些作品不仅色彩丰富、构图独特，而且能够从不同角度展现老师的形象和特质，如一位学生将男老师肖像描绘出尖尖的脑袋，稀稀拉拉的胡须，看似一本正经，其实煞是可爱；再看科学老师俏丽的脸上，连一颗小黑痣这孩子也没放过，如此逼真，惹人称赞，极具创意和想象力。

（二）活动的影响

（1）通过参与"用稚嫩的小手画最美的老师"活动，学生在艺术创作方面的自信心得到了显著提升，增强了学生的艺术表达能力。例如，一名原本在班上较为内向的学生，在活动结束后，能够大胆地在全班同学面前展示自己的作品，并详细解释创作背后的想法和感受。此外，学生在色彩运用、构图布局等方面的技能也有了明显的进步，这一点从他们后续的课堂作业和个人创作中得到了体现。

（2）本次活动让教师看到了学生眼中的自己，许多老师表示这让他们感到非常温馨和自豪。这种情感的交流加深了师生之间的理解和信任，有助于建立更加和谐的教学环境，改善师生的关系。

（3）此次美术项目化学习活动为校园增添了浓厚的艺术氛围，丰富了校园文化生活。学校的园丁谱，吸引了大量家长和其他师生前来观看，提升了学校的社区凝聚力和文化影响力。

（4）活动的成功不仅在校内产生了积极反响，也通过参加芙蓉区"声呐·吃语"校园文化艺术角DIY设计赛获奖并在全区展示，在区少年宫进行了展出，而且在2023年2月长沙市"一校一品"校园廉洁文化芙蓉展区展出，提升了学校在公众中的形象。

八、活动反思

（一）让中华五千年文化用美术表现形式注入学生的心灵

《荀子·大略》有云"国将兴，必贵师而重傅"。尊师重教、崇智尚学是中华民族的优良传统，是赓续文脉、培育人才的精神基石。依据学生身心发展水平和实际的美术基本素养，运用有效的方法，从学习生活中感悟美德，以小画笔宣扬美德教育。"用稚嫩的小手画最美的老师"这一美术主题活动项目的主题选得非常好，既符合教育理念，又能够激发学生的情感。在活动中，知识和情感的结合是关键的一环。学生或写实或夸张地描绘着心中最美的老师，每个孩子都将赤诚之心倾注于笔尖，用爱细细勾勒，让爱自由挥洒，描画心中最美的老师。而教师又一次贴近了他们的纯真，被这份美好包围、浸染，师生温情溢满校园，师生之间的情感联系得到了增强。活动中所倡导的"美"和"爱"的理念深入人心，成为校园文化的重要组成部分。通过绘画表达对老师的感情，是情感教育的有效实践。美的感知和表达能力的培养，使学生在跨学科学习的同时，在情感上得到充分的培养和提升。

（二）利用不同的美术活动过程引导青少年学生学习中华优秀传统文化，增强民族自信心，获得成长

习近平总书记指出，文化自信是一个国家、一个民族发展中最基本、最深沉、最持久的力量。传承和发展中华优秀传统文化，把握中华优秀传统文化的思想精华和文化精髓，让中国精神真正成为孩子们的精神底色，我们还要继续思考，不断践行。项目化学习的优势在于能够跨学科整合，本次活动尝试将美术教育与思政教育相结合，以加强学生的综合素养培养。在活动实施过程中，学生的主动性和创造性表现突出，他们能够自由发挥，创作出内容丰富、形式多样的作品，展现出了他们的个性和对老师的尊敬，让学生能迅速投入开心、快乐的校园学习生活中，更好地了解、体验中华传统文化。让中华五千年文化用美术表现形式注入学生的心灵，展现中华民族优良的行为习惯。通过参与"美在流淌，爱满校园"的主题活动，学生在个人品质方面有了显著的提升。在活动中，学生对表达对老师的敬爱之情有着较高的情感投入，这从他们用心的作品和活动中的积极性可以看出。例如，一位通常较为内向的学生通过绘画表达了对老师的感激之情，这不仅是一次艺术创作的尝试，也是其自信心建立的过程。当然也有反馈指出，一些学生可能对公共表达情感感到害羞或不习惯。针对这一点，后续活动可以采取小组合作或

匿名展示的方式，让所有学生都能在舒适的环境中表达自己的情感。据观察记录，该学生在活动后的班级交流中更加主动发言，体现了其自信心和社交能力的增强。在活动中，知识和情感的结合是关键的一环，通过绘画来表达对老师的感情，是情感教育的有效实践。

（三）以学生作业汇报和教师研究论文的形式展示，着眼于民族文化的长远发展，使民族自豪感坚守立足传统的本土文化的沃土，发展成为有理想信念、敢于担当的人

此次活动不仅改变了学生，也对学校的文化氛围产生了积极影响。校园内的公共空间展出了学生的作品，使原本单调的校园一角变得充满生机和色彩。美术组开展以"用稚嫩的小手画最美的老师"为主题的美术项目化学习，在活动中，学生不仅了解了肖像画的设计及意义，还感受到教师的可敬，并通过艺术创作表达了对老师的敬意和感激之情。学生被鼓励思考和表达对于"美"和"爱"的理解，这不仅促进了他们审美能力的提升，培养了学生的社会责任感和集体荣誉感，教师也积极撰写论文提升自身的文化素养，如美术老师黄红梅老师撰写的论文《传"中华文化"，扬"全人之雅"——校本美术主题活动提升学生人文素养的途径和方法》在省里获奖。由此可见，该活动对培养学生的文化素养和校园精神文化建设都起到了积极的推动作用。

综合来看，"美在流淌，爱满校园"跨学科项目化学习思政活动取得了积极成效。学生通过参与活动，不仅在艺术创作上获得了成就，更在个人品质和社会责任感上有了显著提升。教师的引导策略和学校文化氛围也因活动的开展而得到了优化和提高。有民族自信的"雅"少年，教师自身的专业能力得以进一步提升，充分凸显了学校"全人之雅"课程理念下美术课程的"博雅"情怀。

在志愿服务中挺膺担当

——雷小锋"进养老院、进社区"志愿服务活动设计

一、活动背景

为全面落实"立德树人"要求，坚持"五育并举"，进一步弘扬"奉献、友爱、互助、进步"的志愿服务精神，建立和完善学校青少年志愿服务的活动机制，提升学生文明素养，推动志愿服务活动的多样化，学校推行了志愿者行动日实践课程。同时，《中小学德育工作指南》明确指出，要广泛开展社会实践，每学年至少安排一周时间，开展有益于学生身心发展的实践活动，不断增强学生的社会责任感、创新精神和实践能力，要充分利用公益性文化设施、公共机构等资源，开展不同主题的实践活动。本次活动主要通过组织学生进养老院、进社区开展社会实践，让学生在志愿服务活动中动手实践、接受锻炼，学习劳动技能，增强劳动意识，增强学生的社会服务意识，促进学生形成正确的世界观、人生观、价值观，引领学生成为新时代好少年。

二、活动目标

为了进一步弘扬雷锋精神，倡导时代新风正气，不断激励和引导青少年树立积极向上、乐于助人的精神境界和价值追求。通过让小学生参与志愿服务活动，走进社会、亲近社会，从中学会关爱、学会感恩，增强他们的社会责任感和公民意识，提高学生自身的综合素质，培养学生的实践体验能力和团队协作精神。

三、活动内容

（一）爱满重阳，孝润童心——雷小锋进养老院活动

学生进养老院的活动通常旨在促进跨代交流，增强学生的社会责任感，同时为老年人带去欢乐与陪伴。可以在养老院组织老年人一起开展互动游戏、才艺展示或手工制作等活动，不仅能丰富老年人的精神生活，也能让学生从中学习到宝贵的人生经验和社会实践技能。

（二）筑梦新时代，争做好少年——雷小锋进社区

学生进社区实践活动旨在通过让学生走出校园，深入社区，参与社会服务活动。本次活动主要是组织学生开展文化宣传、劳动技能培训等，学生在活动中不仅能够将所学知识和技能应用于实际问题的解决当中，还能够增进对社会的理解，培养学生的团队精神，为社会的发展作出积极贡献。

四、活动设计与实施

（一）雷小锋进养老院活动

"百善孝为先"是我们中华民族的传统美德，作为炎黄子孙，自然应当继承传统、弘扬传统。为进一步营造敬老、亲老、爱老、助老的社会风尚，引导少年儿童学会感恩，树立良好的家庭美德观念，增强少年儿童的社会责任感，特在重阳节之际，针对学校全体队员，开展以"爱满重阳，孝润童心"为主题的重阳节感恩活动。

（1）互动游戏。设计适合老年人的游戏，如记忆卡片比赛、拼图比赛等，活跃现场气氛，让老年人能用更加轻松的状态参与活动，让学生能够与老年人彼此熟悉，为后续活动环节的顺利开展做好铺垫。

（2）才艺展示。学生准备歌曲、舞蹈、朗诵等节目，为老年人献上精彩的表演，丰富老年人的精神生活，为枯燥简单的养老院生活增添趣味。

（3）志愿服务。提供个性化的服务，陪老年人散步，为老年人读报纸，帮助老年人整理房间，进行力所能及的劳动服务，为老年人创设简单舒适的生活圈。

（二）雷小锋进社区实践活动

为了深入贯彻落实习近平总书记对广大青少年的殷切希望和要求，进一步深化社会主义核心价值观教育，落实"双减"工作，提升学生文明素质，丰富学生假期生活，结合"红领巾争章"活动要求，推进劳动教育，学校组织开展"筑梦新时代，争做好少年"社会实践活动。

1. 环保知识宣传活动

（1）手绘"垃圾分类知识"手抄报。通过完成手抄报内容，学生要主动收集整理垃圾分类的相关知识，并根据自己的理解设计手抄报，制作成一个垃圾分类指南。

（2）参与社区垃圾分类活动，进行知识宣讲。将制作好的垃圾分类指南分发给社区居民，关于什么是可回收垃圾、有害垃圾、湿垃圾和干垃圾，进行知识讲解。

2. 参与社区劳动实践活动

学习做菜，帮爸爸妈妈承担家务，进社区进行劳动服务；在一次次的实践中，体验劳动带来的成就感。

践行雷锋精神，争做雷锋好少年！在暑假的社会实践活动中，走进社区、纪念馆等，争做小小志愿服务者，服务他人，快乐自己。

五、活动特色与效果

雷小锋实践活动不仅丰富了学生的学习生活，而且对其全面发展具有重要的促进作用，通过这些活动，学生能够在实践中学习成长，并成为一个品德高尚的人。

（一）雷小锋实践活动形式多样

本次主题活动的开展形式丰富多样，可以通过动手操作、知识宣讲等形式，让学生以多种方式参与活动，帮助学生提高动手实践能力、语言表达能力，促进学生的综合发展。

（二）弘扬优良传统，做美德雷小锋

实践活动通过提供真实的体验环境，学生走进养老院，和老年人真诚相

处，帮助老年人做力所能及的事情，培养学生的劳动意识，让学生更加懂得感恩。

（三）推进美丽中国建设，争做环保雷小锋

学生通过参与环境保护活动，如本次活动中开展的垃圾分类实践活动，有助于培养学生的环保意识和可持续发展的观念。

六、活动反思

本次活动组织学生进行两个不同形式的雷小锋社会实践活动。第一个活动是组织学生参与养老院服务活动，让学生亲身体验了老年人的日常生活，感受他们的孤独和需要陪伴的渴望，学会了站在老年人的角度思考问题，更加理解和尊重他们的感受和需求，学会和家里的老年人相处，懂得尊老，更懂得感恩。但在活动过程中，学生还缺少与老年人沟通交流的经验，在劳动服务过程中没有真正体会老年人的需求，如果在活动之前有组织地进行培训，提前了解养老院老年人的生活起居习惯以及兴趣爱好，则要有助于活动的顺利开展。

第二个活动是组织学生进社区，面向社区居民进行环保理念宣传，孩子们前期进行了大量的资料收集与整理，并制作了垃圾分类指南，有助于帮助社区居民增强环保意识，促进可回收资源的有效利用，减少环境污染。但是，不同社区居民素质不同，有些社区居民参与度不高，前期需要进行社区调研，组织学生从易于推广的社区进行推广，不仅成效显著，有助于提高学生参与的积极性，还能更好地宣传环保知识。

为了增进学生亲近社会，服务和奉献社会，积极参与中国特色社会主义建设，通过社会实践活动，传递爱心和温暖，提倡关爱、互助和友善的社会价值观，激励参与者从小事做起，积极参与社会公益，传递正能量。学生通过参与自己身边的实践活动，走出校园，走向社会，关心社会发展，在生活中学习，在实践中进步，在社会中成长。

从"断肠明志"故事里领会忠诚
——参观陈树湘故居爱国思政活动方案

一、活动背景

为深入贯彻爱国主义教育，引导学生铭记历史、缅怀先烈，弘扬革命精神，我们特举办以烈士陈树湘为主题的爱国思政活动。陈树湘烈士是红军的杰出将领，在湘江战役中壮烈牺牲，其英勇事迹和革命精神值得我们新时代青少年学习和传承。

二、活动目标

通过活动，使学生了解烈士陈树湘"断肠明志"的故事，激发学生爱国情怀，树立远大理想。认识到"忠诚"就体现在身边的大小事中，从小事做起，锻炼优秀品格。能够叙述出陈树湘的英勇事迹，激发学生的爱国热情，培养其民族自豪感和历史责任感，争做好少年。

三、活动设计与实施

（一）明主题，识忠诚

亲爱的少先队员们，大家好！我是来自东郡小学的中队辅导员张晔，今天我们的活动主题是"传承忠烈魂，争做好少年"。

习近平总书记在纪念红军长征胜利80周年大会上说过这样一句话：心中有信仰，脚下有力量。在那个革命理想高于天的年代，曾有无数中华儿女在长征路途中怀揣着崇高的理想与信念，这牢不可破的理想信念支撑着长征的最终胜利。有一种信仰，它虽丈量不出生命的长短，却能称出信念的轻重，这便是忠诚。

（二）听故事，品忠诚

有这样一位湖湘烈士，习近平总书记曾在多个重要场合都提到了他的名字，呼吁全社会将他作为学习楷模，他就是陈树湘。陈树湘1905年出生于长沙县福临镇，1925年加入中国共产党。1934年10月，中央红军被迫开始长征，战火不到一个月就燃烧到了湘江河畔。在湘江战役中，掩护红军强渡湘江的任务交付给了34师。当时，每天伤亡近一万人。作为师长的陈树湘深知，部队必须尽快过江，才有生的希望。历经五天四夜，中央主力军终于成功渡江。而陈树湘早已腹部中弹，战士们流着泪请求他撤退，陈树湘却毅然决然地坚守着这湘江防线，他不顾伤情，拼死鏖战，最终陷入昏迷不幸被俘。

当陈树湘醒来时，已没有震耳的枪炮声，也没有浓浓的硝烟味，只有血肉模糊的伤口带来的无尽疼痛。敌人给他送药投食，企图打探红军情报，面对敌人的威逼利诱，陈树湘只字未吐。为了尽快利用被俘的陈树湘邀功领赏，敌人将他抬上担架，准备送往驻地。此时已经奄奄一息的陈树湘做出了惊人壮举：他趁敌不备，徒手撕裂伤口，将手伸进自己早已溃烂的腹部，掏出温热的肠子，用尽最后一丝力气绞肠自尽，年仅29岁！滴滴鲜血染红了他的军装、浸湿了山路，陈树湘用生命践行了"要为苏维埃流尽最后一滴血"的铮铮誓言！这刻在骨子里的忠诚，永远铭记在人民心中！

（三）学先锋，悟忠诚

队员们，什么是忠诚？习近平爷爷指出，忠诚，就是英雄模范们都对党和人民事业矢志不渝、百折不挠，坚守一心为民的理想信念，坚守为中国人民谋幸福、为中华民族谋复兴的初心使命，用一生的努力谱写了感天动地的英雄壮歌。袁隆平爷爷一生只做一件事——研究杂交水稻，扎根田间，默默奉献，这是忠诚！中国航天人自强自立，勇攀高峰，不懈探索，赴九天，问苍穹，用一个个坚实的脚印把梦想化作现实，这是忠诚！"90后"天才少女蔡雨晨努力学习，勤奋钻研，发明"浮舟"，拒绝国外高薪，只为把专利留给祖国，这也是忠诚！对于咱们少先队员们来说，则是以英雄模范为榜样，从小坚定听党话、跟党走的决心，刻苦学习，树立理想，砥砺品格，增长本领，努力实现德智体美劳全面发展。

（四）好少年，亮忠诚

中国少年与时代同生，我们是幸运的一代，也是肩负重任的一代。今天我们是天真烂漫的红领巾，明天我们是实现中华民族伟大复兴的主力军！我们在陈树湘"断肠明志"的事迹中看到了忠诚的力量，因为有像陈树湘这样的忠烈之士奉献了他们的青春乃至生命才有了如今我们安定幸福的生活。作为新时代的少年，我们要争当热爱祖国、理想远大的好少年，争当品德优良、团结友爱的好少年，争当勤奋学习、追求上进的好少年，争当体魄强健、活泼开朗的好少年！这就是我们的忠诚！

四、活动反思

（一）活动意义与成效

第一，深化了学生对爱国主义的理解。通过了解感受陈树湘烈士的英勇事迹，学生深刻体会到了什么是真正的爱国，如何在危难时刻挺身而出，为国家、为民族奉献一切。第二，激发了学生的爱国情怀。在活动中，学生纷纷表示要以陈树湘烈士为榜样，努力学习，报效祖国，为国家的发展贡献自己的力量。第三，增强了学生的集体荣誉感。学生在参与活动的过程中，团结协作，共同为"传承忠烈魂，争做好少年"而努力，增强了班级的凝聚力和向心力。

（二）活动过程中的不足

一是活动内容不够丰富。虽然我们讲述了陈树湘烈士的事迹，但还可以引入更多的历史背景、相关人物和故事，使活动内容更加丰富多彩。二是学生参与度有待提高。部分学生在活动中表现不够积极，可能是对活动内容不感兴趣或者没有充分理解活动的意义。因此，我们需要进一步激发学生的参与热情，提高他们的参与度。

（三）改进措施

一是丰富活动内容。在下次活动中，我们可以引入更多的历史背景、相关人物和故事，使活动内容更加丰富多彩。同时，我们还可以结合时事热点，引导学生关注国家大事，培养他们的国家意识和民族自豪感。二是提高学生参与度。为了提高学生的参与度，我们可以采用多种手段激发学生的参与热情。例如，可以通过设置奖励机制、开展竞赛活动等方式，鼓励学生积极参与；同时，我们还需要关注那些表现不够积极的学生，了解他们的想法和需求，帮助他们更好地融入活动中。三是创新活动形式。我们可以尝试引入更多的活动形式，如角色扮演、互动游戏等，以提高学生的兴趣和参与度。此外，我们还可以利用现代科技手段，如VR技术、短视频等，为学生呈现更加生动、直观的历史场景和人物形象。

总之，"传承忠烈魂，争做好少年"爱国思政活动对学生的成长具有积极的影响。作为教师，我们需要不断反思和总结活动经验，不断完善活动内容和形式，以更好地引导学生树立正确的价值观和人生观。

让我们来续写"禾下乘凉梦"
——"遇'稻'一粒米"科学思政融合实践活动

一、活动背景

任何伟大的成就都离不开精神支撑,《中小学德育工作指南》明确提出,"要加强对学生科学精神、科学方法、科学态度、科学探究能力和逻辑思维能力的培养,促进学生树立勇于创新、求真求实的思想品质"。因此,科学教学不仅仅是知识传授的过程,更是师生之间、生生之间启迪心灵、丰盈精神的过程。在科学教育中融入思政元素,讲好科学家的"一生一事",有助于落实立德树人根本任务,充分发挥课程的育人功能,进一步促进学生的全面发展。本活动以科学家袁隆平院士的故事为切入点,充分利用本区域的场馆资源,借助隆平水稻博物馆这一实践平台,通过馆校融合的模式帮助学生深入了解心系祖国和人民,一辈子躬耕田野的科学家袁隆平爷爷的故事,同时还巧妙地引入了学习水稻、研究水稻的活动,在潜移默化中培养学生的探索精神和科技兴国的责任感。

二、活动理念

本次活动遵循"实践育人"的理念,同时注重凸显"探索与创新"。一方面,变更传统的课堂育人模式,将学习场所由教室迁移到隆平水稻博物馆,引导学生通过实地参观这种生动的实践来感悟杂交水稻之父袁隆平爷爷崇高的精神品质,同时对水稻相关的各类知识展开学习,实现知识理论教学与实践教学的有机融合。另一方面，挖掘实践内涵与深度，通过开展后置的、基于水稻的研究性学习活动，鼓励学生不断探索、不断创新，在探究问题与解决问题的过程中，培养他们的科学探索精神和创造性思维。

三、活动目标

首先，学习水稻生长的全过程，掌握水稻的生长特性及其对生长环境的基本需求，鼓励学生提出关于水稻的研究问题，探究水稻生长情况与光照、水分、土壤、温度、微量元素等环境因素的关系，培养他们的科学探索精神和创新能力。其次，让学生在水稻的探究实践活动中，掌握科学探究的思路和方法，学习基本的分析观察法，践行袁隆平爷爷求真务实、勇于挑战的科学家精神，树立唯物主义科学观。最后，帮助学生了解袁隆平的一生及其对农业科技发展的贡献，学习袁隆平继承创新、勇攀科技高峰的科学精神和心系人民、科技报国的理想情怀，激励新时代青少年树立正确的价值观和人生观。

四、活动内容

本活动以"遇'稻'一粒米"为主题，设计"馆校互通，研学之旅""课堂探究，实践之路""拓展延伸，践悟升华"三个流程，让学生在参观隆平水稻博物馆、参与课堂探究活动中，学习袁隆平精神，了解水稻的生长过程和水稻种植所需的基本条件，并基于自身的兴趣，提出与水稻相关的研究问题并设计出实验方案加以探究。

五、活动过程

（一）馆校互通，研学之旅

（1）了解袁隆平一生，学习其精神。参观隆平水稻博物馆"杂交水稻之父"袁隆平事迹陈列展厅，了解袁隆平院士与杂交水稻的故事，重点讲述袁隆平院士一生的两个梦想："禾下乘凉梦"和"杂交水稻覆盖全球梦"。在他的刻苦钻研与不懈努力下，杂交水稻最终将推广到全世界，为人类远离饥饿作出杰出贡献。在讲解的过程中，重点与学生交流以下两个问题。

①结合袁隆平爷爷的事迹，说一说袁隆平爷爷身上有哪些优秀的品质。

②袁隆平爷爷说"人就像种子，要做一粒好种子"，作为新时代的少先队员，请你们说一说，如何做一粒好种子。

对于第一个问题引导学生说出袁隆平爷爷具有无私奉献、勇于挑战、不断创新、坚持不懈、勇于追求科学真理的精神，同时还兼具心系人民、科技报国的理想情怀，教师则据此启迪同学们坚定理想信念，弘扬科学家精神，为实现伟大的中国梦而努力奋斗；第二个问题为开放性问题，学生回答有理有据即可，教师需结合学生回答总结先进精神信仰所具有的无穷的驱动力，帮助大家成为一粒好种子。

（2）了解水稻的一生，掌握水稻种植所需条件。参观隆平水稻博物馆"奇异的旅程——水稻的一生陈列"展厅，邀请农业专家为学生讲解水稻在每一个生长阶段（幼苗期、分蘖期、抽穗期、结实期）的特点，以及水稻种植所需的基本条件，如土壤、水分、光照、营养等，并引导学生思考这些条件对水稻的生长有何影响。

（3）组织学生参观博物馆附近的水稻种植基地，实地观察水稻的生长情况，记录水稻植株的组成结构、生长状况等，了解实际种植过程中的问题和挑战，同时布置拓展性任务：像袁隆平爷爷一样去发现一株长势不一样的水稻植株，并结合所学知识分析导致其出现如此长势的原因。

（二）课堂探究，实践之路

1. 创设情境，激发兴趣

出示参观隆平水稻博物馆的视频，邀请同学们分享参观后的收获，引导学生说出袁隆平精神对自己成长的启示，鼓励同学们在科学探索中以袁隆平爷爷为榜样，发扬并传承袁隆平爷爷那种不怕困难、勇于创新的精神，然后布置课堂实践任务，像科学家一样思考并提出一个最想研究的有关水稻的问题。

2. 聚焦问题，制订计划

（1）知识回顾。教师带领学生回顾水稻对于环境的基本需求（见下表并以表格形式总结。

环境条件	水稻对环境的需求
光　照	介绍水稻对光照的需求，包括光照强度、光照时间等
水　分	强调水稻喜水特性，介绍不同生长阶段对水分的需求
土　壤	分析水稻对土壤的要求，如土壤类型、土壤肥力等
温　度	讲述温度对水稻生长的影响，包括适宜生长温度范围等
微量元素含量	各类不同微量元素对水稻生长的作用

（2）确定问题与计划。引导学生思考并提出自己对水稻生长过程中感兴趣的研究问题并完成研究计划单的填写，如"光照对水稻生长的影响""不同肥料对水稻产量的影响"等。分组讨论，确定研究主题和方案，制定实验计划和观察方法。

遇"稻"一粒米研究计划单

1. 关于水稻，我想知道＿＿＿＿＿＿＿＿＿＿＿＿＿＿＿＿＿＿＿＿＿＿＿＿＿
＿＿＿＿＿＿＿＿＿＿＿＿＿＿＿＿＿＿＿＿＿＿＿＿＿＿＿＿＿＿＿＿＿。

2. 我打算按以下步骤展开研究：
① ＿＿＿＿＿＿＿＿＿＿＿＿＿＿＿＿＿＿＿＿＿＿＿＿＿＿＿＿＿＿＿＿。
② ＿＿＿＿＿＿＿＿＿＿＿＿＿＿＿＿＿＿＿＿＿＿＿＿＿＿＿＿＿＿＿＿。
③ ＿＿＿＿＿＿＿＿＿＿＿＿＿＿＿＿＿＿＿＿＿＿＿＿＿＿＿＿＿＿＿＿。
④ ＿＿＿＿＿＿＿＿＿＿＿＿＿＿＿＿＿＿＿＿＿＿＿＿＿＿＿＿＿＿＿＿。

（3）汇报展示。开展小组汇报，以小组为单位对本组的研究问题与具体计划向全班同学做汇报，其他同学点评研究计划的可执行性与科学性。

3. 课后实践，丰富内涵

学生依据实验计划，开展水稻种植活动，记录水稻生长过程中的变化和数据，教师指导学生进行实验设计和数据收集，培养他们的实验能力和数据处理能力，引导学生分析实验结果，探讨水稻生长与环境因素之间的关系，撰写研究性学习报告。

（三）拓展延伸，践悟升华

开展成果汇报会，学生分享在研究性学习活动中的发现与收获，并结合本次研究性学习活动经历分享对袁隆平爷爷精神品质的理解，实现学生对袁隆平爷爷的情感升华。

六、活动特色与效果

（一）深度融合思政教育

将袁隆平的科学精神与科学课程紧密结合，通过参观隆平水稻博物馆以及开展研究性学习活动，不仅有助于学生了解袁隆平的科学精神，更能让学生在水稻研究性活动中践行袁隆平精神，更好地培养学生的爱国情怀与科技报国的责任感。

（二）创新课堂育人模式

将学习场所由教室迁移到隆平水稻博物馆，将知识传授变更为小组式研究性学习，学习地点与学习方式的更新让学生沉浸式地体验学习活动的发生，不仅可以开展一系列如"光照对水稻生长的影响""不同肥料对水稻产量的影响"等探究实践活动，加深对农业科学知识的理解和认识，而且能在实践中丰富学生对袁隆平精神品质的理解维度。

（三）优化教学评价方式

本实践活动中融入了过程评价、成果评价与综合评价，对学生的学习成果进行多维度、全方位的检验。

（1）过程评价。观察学生在活动中的参与度、合作精神和实践能力，及时给予指导和鼓励。通过学生的观察记录、实验报告等成果，评价学生的实践能力和实验能力。

（2）成果评价。对学生提交的研究报告进行评价，重点关注研究问题的创新性、实验设计的合理性以及数据分析的准确性。同时，注重评价学生的科学思维和创新能力。

（3）综合评价。结合过程评价和成果评价，对学生的整体表现进行评价，并给予相应的奖励和鼓励。同时，对教学活动进行总结和反思，分析活动的优点和不足，提出改进意见和建议，为今后的教学活动提供借鉴和参考。

七、活动反思

通过开展形式多样的实践活动，构建同频共振、双向奔赴的"大思政课"，汇聚协同育人的"大能量"，让学生在校外思政实践活动中感悟精神，培养担当民族复兴重任的时代新人。本次"遇'稻'一粒米"科学思政融合实践活动，通过馆校合作、实地参观、课堂探究以及主题讨论等多种形式，旨在将科学教育与思政教育相结合，让学生在实践中学习袁隆平的科学精神，了解水稻的生长过程，并培养科学探索精神和社会责任感。

本次校外实践活动从馆校互通到课堂探究，再到拓展延伸，活动设计层层递进，内容丰富多样。学生通过参与实践活动，不仅掌握了水稻生长的基本知识，还培养了科学探索精神和创新能力。本活动也存在后期学生参与度不高、教师跟踪不足的问题，需要教师在活动中加强引导和激励，做好持续跟进工作。

后 记

从学校少年宫、"三走进"、阅读等思政课程,到民乐、少代会、古诗文韵律操等课程思政活动,再到主题红色思政和跨学科思政,我们一直行走在思政教育的路上。我们收获思政教育的改革创新及成果,见证学生在教育中的拔节孕穗与成长。

于是,我们将这些思政教育活动撰写出来,期待更多教育者汲取教育力量,更多学生汲取成长智慧。然而,写作经历了艰辛过程:对思政课程活动的深入探讨,对课程思政活动的全面梳理,对主题德育活动的精心提炼,对思政实践活动的科学总结,每一篇章都凝聚着我们关于思政教育多年的深刻思考和实践智慧。

"没有自我教育就没有真正的教育。"新时代思政教育需要坚持"八个相统一"要求,不断创新内容和形式,打造出独特的"风景",才能增强思想性、理论性和亲和力、针对性,才能引起学生的兴趣和共鸣,才能将思政理论内化于心、外化于行，才能引导学生自我教育、自我成长，切实发挥思政教育对学生成长和社会发展的积极作用。这正是本书的追求与指向。本书第一篇的设计旨在通过多样化的课程活动，发挥道德与法治课作为主阵地的关键作用，促进学生在思想、道德和价值观等方面的全面发展；第二篇强调跨学科、多元融合思政教育，通过具体的人物榜样，从艺术形式入手，创新思政载体，将思政教育融入不同学科和活动中，实现全员、全程、全方位育人；第三篇以主题德育活动为核心，通过丰富多样且具有针对性的具体活动载体来实现德育目标；第四篇旨在通过实践活动，将思政教育与具体行动相结合，让学生在亲身经历中内化思政理念，培养高尚品质和社会责任感。

"师也者，教之以事而喻诸德者也。"思政课教师责任重大，关乎学生品德的塑造和未来的发展。衷心期望本书能够为广大思政工作者提供帮助，期待读者与我们携手打造思政教育的绚丽风景。当然，思政教育是一门持续发展、不断创新的课题，书中所展现的仅仅是我们关于思政教育的实践与探索，囿于认知与思维，本书可能存在一些不足之处，期待得到广大读者的批评指正，我们再一起不懈探索，开创新思政教育崭新未来。

"众人拾柴火焰高。"在此，我要怀着无比诚挚与深切的感激之情，衷心感谢所有为本书提供支持和帮助的同人们。是大家齐心协力，毫无保留地贡献出自己的智慧，不辞辛劳地付出努力，将点点力量汇聚在一起，才最终让本书得以成功问世。展望未来，思政风景的绘就之路征途漫漫，让我们携手并肩，共同打造更具魅力、更富内涵的思政风景，让思政教育如美丽画卷般展现，散发出更为绚烂夺目、璀璨耀眼的光芒！

朱金秀

2024年6月26日